MÁS ALLÁ DE LOS NÚMEROS

LILIANA MONTIJO

Más allá de los números

"Las metas no son el destino final; el verdadero logro radica en el valor y el impacto de lo que se ha alcanzado, superando las propias expectativas y redefiniendo el éxito."

Liliana Montijo

Más allá de los números

Título: Más allá de los Números®

Diseño de la portada: Liliana Montijo

Primera edición.

Autora: Liliana Montijo

Aclaraciones del formato digital y libro físico.
"Más allá de los números," está disponible en formato digital y libro físico de pasta blanda en Amazon. También puede ser solicitado autografiado al correo electrónico liliana.montijog@gmail.com

Aunque se han cuidado previamente los detalles de formato, diseño y cortes de palabras al cambio de renglón, al momento de seguir los formatos de Amazon, puede haber alteraciones que reflejen una falta de cuidado. Por favor paciencia.
Catálogo de compra del libro pasta blanda.
El libro tapa blanda no aparece en el catálogo www.amazon.com.mx (México), aparece en el catálogo internacional:Amazon.com/Amazon.co.uk/Amazon.De/Amazon.fr / Amazon.es / Amazon.it / Amazon.co.jp

Catálogo de compra del e-book:
Está disponible en el catálogo: Amazon.com.mx / Amazon.com / Amazon.in / Amazon.co.uk / Amazon. De / Amazon.fr / Amazon.es / Amazon.it / Amazon.co.jp / Amazon.com.br / Amazon.ca / Amazon.com.au.
El e-book puede ser leído sin necesidad de requerir dispositivo Kindle. Descarga una de las aplicaciones gratuitas de Kindle para comenzar a leer libros de Kindle en tu smartphone, tableta y equipo.
Reservados todos los derechos, queda rigurosamente prohibida, sin autorización por escrito de la autora, bajo las sanciones establecidas en las leyes, la reproducción total o parcial de esta obra, ni su incorporación a un sistema informático, ni su

transmisión en cualquier forma por cualquier medio, sea este electrónico, mecánico, por fotocopia o por grabación, excepto en el caso de breves reseñas utilizadas para críticas literarias. También queda prohibida la distribución de ella, mediante alquiler o préstamo público.

Impreso en E.U.A. por Amazon

Este libro participa en el programa de Kindle Unlimited con costo de $0.00.

Contenido

Dedicatoria 9
Agradecimientos 11
Introducción 13
Principio 1... 19
   "No hay meta sin propósito"................................. 19
Principio 2... 31
   "Incrementa la confianza" 31
Principio 3... 47
   "Multiplicarse para ganar" 47
Principio 4... 57
   "Las metas no son tan importantes como lo es el Potencial".. 57
Principio 5... 71
   "Ejecuta hoy para el nivel del mañana" 71
Principio 6... 85
   "No basta el qué haces, el secreto está en el cómo lo haces" . 85
Principio 7... 95
   "Convertirse en la energía del crecimiento" 95
Un principio más 105
   "Los datos cobran valor cuando dejan de ser fríos" 105

Más allá de los números

Dedicatoria

A mi amado hermano Rubén.

Le prometí que le dedicaría el siguiente libro por ser un hermano ejemplar a quien le doy gracias por su paciencia, soporte e infinito amor.

Más allá de los números

Agradecimientos

A todos mis líderes, de quienes he aprendido mucho. Durante estos 24 años de trayectoria, Hoy he tenido la fortuna de tener maestros grandiosos. Mentores que me han acompañado y que me han enseñado.

Hoy agradezco también a las compañías en las que he colaborado, General Motors por guiarme hacia una formación de mejora continua y ejecución, General Electric por prepararme con una derrama de programas de Liderazgo y Gestión, Grainger que me hizo explotar mi pensamiento estratégico y comercial, a ULINE por darme la consciencia de la excelencia en el aquí el ahora y DIKEN International. Por creer en mí, para llevar a cientos de personas a vivir una transformación hacia la expansión. A todas estas organizaciones gracias, por su inversión en mi desarrollo y permitirme desplegar mi creatividad e implementar iniciativas que en ciertos momentos fueron un tanto disruptivas y que al final nos llevaron a buenos resultados.

A todos mis colaboradores porque sin ellos yo no soy. En mis memorias y corazón llevo sus rostros, reconocimientos, medallas y satisfacciones de romper los récords cada vez, en cada meta establecida. Tener frente a mí la celebración de los mejores empleados en resultados y que el 80% de los premios disponibles los haya ganado mi equipo, habla de su unicidad, su grandeza y el regalo de su confianza.

Y agradezco de manera infinita quienes a detrás del escenario me apoyaron con ideas, comentarios y su tiempo para hacer posible este libro. Mis amistades, clientes, contactos y al Dr. Ricardo Ramírez Corona, Director de Inteligencia de Nuevos Negocios y Ciencia de Datos por sus contribuciones y observaciones sobre el uso de los datos, como un medio para crear. Su perspectiva y su impulso, han expandido mi visión sobre los números.

Finalmente, agradezco a esta vida que me ha dado tanto. A cada momento que ha representado un salto cuántico en mi vida y a todas las situaciones que se han presentado para convertirme en una mejor persona y llegar a ser una mejor líder en el campo infinito de las posibilidades.

Introducción

Desde niña, mis padres me inculcaron el alcanzar metas, siendo mi mamá maestra y cursando mis estudios elementales en la misma escuela donde ella daba clases, gané el sobrenombre de la hija de la maestra Gaby. Siempre tuve facilidad para aprender, algo que me hubiera gustado que permaneciera a lo largo de los años. Creo que debí haber puesto mucho más enfoque en incrementar los estímulos cognitivos. Cuando trato de recordar tres nombres y tengo que volver a preguntar el primero, me doy cuenta de las atrofias que se generan en el cerebro con el paso del tiempo.

En esos años de escuela me acostumbré a siempre estar participando en una cantidad exorbitante de concursos y ser el primer lugar en calificaciones y grados. Mis padres se sentían orgullosos. Mi mamá comentaba mis logros en la familia en las reuniones de los domingos mientras que mi padre se dedicaba a enseñarme más cosas, como la oratoria y la declamación. Aunque no le gustaba presumir mis medallas, mi familia estaba atenta y me reconocía como alguien "inteligente." Todavía recuerdo la expresión de uno de mis tíos que fue maestro en la primera secundaria de la ciudad donde nací, ¡Esta niña es mucha medicina! Él me ponía a recitar las tablas de multiplicar, me hacía preguntas como ¿cuánto es 13 x15?, en otras ocasiones me hacían recitar poesías largas a las tías y muchas otras me la pasaba escribiendo hojas y hojas de palabras resaltando las reglas gramaticales de acentuación.

Pero no todo fue aprendizaje escolar. Me las arreglé siempre para hacer otras cosas que me satisfacían mucho. También jugué y me divertí. Gustaba de hacer amigas y considero que mi infancia fue compuesta de dos grandes elementos. Tener logros académicos y así mantener contenta a la familia, sintiendo que estaba alcanzando algo importante y crear relaciones, experimentando el mundo de los niños y la infancia. Así lo hice hasta llegar a la adolescencia. Esforzándome por cumplir los objetivos y realizando otras cosas para alimentar mis sueños.

Pasaron muchos años así, y fui creciendo con la idea de que para tener éxito profesional debía concentrarme en alcanzar la meta para ganar. Mis padres siempre me impulsaron para buscar ganar, aunque raramente reflexionábamos sobre el verdadero sentido y propósito detrás de cada diploma obtenido y de cada medalla ganada. ¿Que quedaba después de haber obtenido un primer lugar? Creo fueron más de 100 reconocimientos de muchos rubros en mi etapa de estudiante. Mi papá tenía la costumbre de enmarcar todos y llegó un momento en que ya no hubo espacio en la pared para ellos. Veía aquellos reconocimientos y a veces no conectaba con ellos. Prefería tomar mi libro preferido o pasar tardes frente a la ventana de la casa sentada en el sofá de tela color verde mirando al cielo, dando forma de figuras de animales a las nubes, salir a jugar con las vecinas o acariciar al perro que me habían regalado. Preguntándome siempre ¿qué más hay? Algo en mí no terminaba de llenarme desde niña. Curiosa y ávida como era mi naturaleza, no me detenía a conformarme con solo tener mis diplomas, quería experimentar más.

Esta mentalidad de lograr objetivos y guardar lo demás en mi interior, me acompañó gran parte de mi vida, guiándome en mi carrera profesional. Sin embargo, con el tiempo aprendí que el verdadero éxito no solo reside en alcanzar objetivos, sino que para ser plena, hay que encontrar un propósito más profundo en cada logro.

Mi trayectoria profesional y personal siempre ha estado encaminada y rodeada por las metas, que ahora llamo indicadores de lo que creemos que es logro. En la parte profesional, metas de producción de automóviles por día en la manufactura de vehículos, metas de calidad, metas de ventas, de reducción de costos, de productividad, de pérdidas mínimas, de tiempos límite para lanzar productos o concretar proyectos, de utilidades hasta la complejidad de combinar todas las metas y convertirlas en una sábana de estado de resultados. Se nos olvida el sentido de hacer las cosas y como estas impactan en la vida personal y en la Sociedad.

Hoy día ya no veo mi aspecto profesional y personal de manera separada. Los dos son parte de mi vida, la cual es una. No vivimos dos vidas, es una sola que se compone de muchos aspectos a los que he llamado el "pay de vida" y del qué hablo en mi libro "Mujeres de Seda."

Durante un año complicado, en la pandemia, que amenazó el mundo en 2020, estuve pensando la idea de escribir "Más allá de los números". En estos tiempos ya había incursionado en un trabajo de desarrollo y autoconocimiento para proyectarme a un espacio de mayor satisfacción en la vida.

Este período de incertidumbre fue un excelente marco para la reflexión que me llevó a replantear muchas cosas en mi entorno laboral. Las metas estaban ahí, los indicadores debían cumplirse no importando la situación, mientras la gente vivía momentos de crisis, de tristeza, atravesaba momentos de caos y la muerte rondó nuestras vidas.

Una mañana caminando los pasillos y percibiendo el stress de mis colaboradores en el ambiente por lograr los objetivos mientras hacían malabares mentales con la situación, me vino el pensamiento de cuál es la idea de que todos traigan la meta escrita, pensada y podría decir respirada. Estábamos cumpliendo, la estábamos logrando. Veía a la gente llegar al trabajo y hacer lo que tenía que hacer, llamando al ánimo entre alguna que otra broma o desahogándose por alguna complicación. Ese día decidí remover varios indicadores de desempeño de la vista de mi equipo y sustituirlos por dos propósitos claros y significativos. Convoqué a una reunión con mi staff y les comenté, los números serán nuestros. Algunos sostenían una mirada incrédula, y cuando les expliqué la idea de las cosas que podíamos hacer para lograr el objetivo final de nuestro departamento, logré que compraran la idea. Probamos una semana, luego tres, luego tres meses. La transformación fue sorprendente, los resultados superaron todas mis expectativas, y las de la empresa. No había visto resultados tan excelentes a pesar de que siempre estábamos rebasando las metas ¿Cómo era posible lograr una meta sin que aparentemente no estes consciente del número que debes alcanzar? Puede que parezca que esto no tiene lógica.

En un mundo donde estamos rodeados de miles de indicadores y metas, siempre aparece alguien que se le ocurre otra meta a lo que yo puedo decir, gracias, otro indicador más. Esto se contraponía a lo que yo estaba proponiendo. Me dediqué a observar cuales eran los impulsores del resultado y fuimos puliéndolos con el tiempo.

Hicimos lo que llamo la receta con los ingredientes para el éxito. La gente fue el ingrediente principal, nunca los había visto tan productivos, tan autopoderados y tan conectados. La confirmación final fue cuando invité a una consultora a dar una plática y a hacer un assessment (evaluación) y me dijo, aquí no hay un equipo, hay una entidad, todos están trabajando con un mismo fin. Y hasta antes de dejar la compañía a mediados de 2024 para iniciar algo distinto en mi carrera, continuaban con ciertas metas e indicadores visibles.

Esta experiencia cobró un nuevo sentido en mi vida y en mi forma de pensar acerca de las metas, así que me dediqué a concentrar mis experiencias y colectar anécdotas de otros grandes profesionales para compartirlas. No sabía cómo empezar, me llevó todo el año decidir si hacía un libro con teorías de liderazgo y definición de metas o un manual sencillo que fuera una guía para orientar a quienes desean lograr resultados insospechados. Así que inicié primero creando un taller del mismo nombre. Meses después la claridad vino y terminé conjuntando este conocimiento aplicado en principios que están mencionados en cada capítulo de este libro. Así, reuní mis experiencias y aprendizajes en 7 principios esenciales que todo líder debe conocer para rebasar sus metas. Me causa gran emoción entregarlos a quienes buscan trascender más allá de lo tangible.

Estos principios no solo se aplican al ámbito profesional, sino también a la vida diaria. Desde lograr una carrera, aprender un nuevo idioma, formar una familia, hasta alcanzar cualquier meta personal, cada objetivo se enriquece cuando está alineado con un propósito significativo.

Espero que este libro inspire a reflexionar y a poner en práctica estos principios, perfeccionándolos en el proceso. Más allá de los números, hay un mundo de posibilidades esperando ser descubierto, un camino hacia un propósito más profundo y significativo que puede transformar vidas y organizaciones.

El éxito parece depender de alcanzar cifras cada vez más altas, pero ¿qué hay detrás de estos números?

Principio 1

"No hay meta sin propósito"

Este libro no es una guía más sobre cómo cumplir objetivos. Se trata de algo más profundo, de principios que muchos líderes pierden de vista en su carrera por los resultados: **No hay meta sin propósito**. Las metas vacías de significado pueden llevar a resultados mediocres y a un liderazgo sin impacto real.

Metas sin propósito, una trampa común

A lo largo de mi carrera he visto cómo directivos y gerentes ajustan sus metas a cifras pequeñas, las ajustan, temerosos de los desafíos que conllevan las grandes ambiciones. Otras veces ponen metas que parecieran exorbitantes. Como siempre he dicho, el pizarrón y una hoja de cálculo aguanta todo. La reducción y control de la visión estratégica se convierten en una práctica común, y los planes de inversión se desvanecen para convertirse en recortes presupuestarios. ¿El resultado? Un equipo desmotivado y un negocio estancado que al mismo tiempo exige crecer.

Un día cerré los ojos aterrorizada ante el fracaso que se veía venir

En una empresa comercializadora con la que colaboré, el vicepresidente de la organización daba instrucciones al staff y director financiero para ser muy estrictos con los costos. Recortaba constantemente el presupuesto destinado a innovación y operación. Las metas se definían en función de mantener los márgenes operativos a corto plazo y los crecimientos proyectados eran metas meramente ajustadas bajo ciertos factores de inflación, alza de precios y "un algo más". Suficiente para que, en apariencia, el board y los accionistas estuvieran tranquilos. Con el tiempo se llegó a un estancamiento en la competitividad del mercado. El equipo estaba trabajando más que nunca, pero sin claridad ni propósito. Con añoranza recordaba como al principio bajo otra Dirección, antes de que llegara este ejecutivo que llamaré Rodolfo, los crecimientos se desbordaban y todo marchaba sincrónicamente. Cuando él llegó, a pesar de cumplir con los números del trimestre y del año, la empresa perdió su ventaja competitiva y se vio obligada a reestructurar su liderazgo. Este es el reflejo de un liderazgo que prioriza los números sobre el propósito. Yo me fui de la compañía antes de que esas decisiones en estructura me tocaran, y desde afuera me tocó ver todo un desfile de cambio de personal que hasta la fecha continúa, sin lograr recuperar su crecimiento constante de doble dígito.

Fueron momentos difíciles, de repente veía como cerraban operaciones en varios países y pensaba, ¿qué pasará cuando solo quede México? Recorte por aquí, por allá y yo me preguntaba, **¿Cuál es el propósito?** Lo que se estaba haciendo no estaba conectado con las metas. Yo no lograba entender por qué íbamos en una dirección opuesta a las metas establecidas.

El director de finanzas era y sigue siendo amigo mío y ambos platicábamos que parecía que el propósito final era ser más rentables, lo cual no necesariamente estaba alineado con crecimientos si solo se estaba achicando la estructura. Entonces las metas del crecer 22% eran completamente contradictorias, bajo las acciones que se estaban llevando a cabo.

El personal estaba cansado, angustiado pensando que podrían ser parte de un recorte. Mientras los ejecutivos anunciaban que íbamos a crecer aceleradamente. ¿El propósito donde quedaba? Nunca fue claro. Lo único que fue claro es que la empresa vio mermando su crecimiento durante algunos años y tuvo que sacrificar algunas cosas para volver a ganar terreno en el mercado.

Como dijo Simon Sinek: *"Las personas no compran lo que haces, compran por qué lo haces"*. El propósito es el motor que impulsa el compromiso de las personas y equipos y marca la diferencia entre una organización que cumple metas y una que trasciende en el tiempo.

El propósito es un faro guía de un liderazgo efectivo

Todo directivo necesita tener claro **por qué** persigue una meta antes de definir **qué** busca lograr. Un propósito claro es el ancla que evita que los líderes y sus equipos se ahoguen en el estrés de alcanzar resultados sin sentido. Este principio es esencial para **crear una cultura organizacional fuerte**, permeando la razón de hacer las cosas de una determinada manera, donde el crecimiento, más que una obsesión por las métricas sea el resultado inevitable de un compromiso colectivo con algo más grande.

El éxito escondido en el propósito

Una empresa en el sector de alimentos y bebidas, enfrentando presión de sus competidores, decidió redefinir su propósito. Pasaron de ser una simple productora de alimentos a una compañía comprometida con mejorar la salud de sus consumidores y reducir el impacto ambiental. Esta redefinición del propósito no solo atrajo a un nuevo segmento de consumidores, sino que también motivó a los empleados a involucrarse más profundamente en la visión. Las ventas aumentaron significativamente y la satisfacción del cliente alcanzó niveles récord. Esta empresa no solo logró sus metas, sino que las superó con creces al conectar sus resultados con un propósito claro. Al adentrarme en este caso reflexiono que personalmente yo me sentiría más cómoda en mi trabajo sabiendo que estoy haciendo algo para alimentar a la gente en lugar de solo creer que me dedico a producir comida.

Peter Drucker escribió: *"La mejor manera de predecir el futuro es crearlo"*. Para los líderes, gerentes y directivos, esto significa que su futuro no está determinado por los números en una hoja de cálculo, sino por la capacidad de liderar con una visión transformadora.

Romper las jaulas del liderazgo tradicional

La verdadera transformación ocurre cuando los líderes se atreven a desafiar las creencias y prácticas tradicionales. **Una meta sin un propósito es una jaula.** Puede que al principio cumplas con las cifras, pero a largo plazo estás limitando el potencial de crecimiento y creatividad de tu equipo. Los líderes que buscan cambiar el rumbo deben adoptar una nueva mentalidad, una que se enfoque más en el valor y el impacto que en los resultados inmediatos.

En una conversación con uno de los CEO más influyentes del sector manufacturero, me dijo algo que me marcó: *"Siempre les pregunto a mis directores cuál es el propósito detrás de cada meta que me presentan. Si no tienen una respuesta clara, es mejor que vuelvan a definirla antes de que sigamos adelante."* Esta anécdota me recuerda la importancia de siempre conectar nuestras metas con un propósito, y de no caer en la trampa del cortoplacismo.

Jim Collins en su libro *"Empresas que perduran"*, plantea que "La grandeza no es una función de las circunstancias. La grandeza es en gran parte una cuestión de elección consciente y disciplina." Esta elección consciente es precisamente lo que permite a los líderes actuar desde un propósito claro, y no simplemente dejarse llevar por las demandas inmediatas del negocio. Las metas, en muchas ocasiones, pueden convertirse en vicios de conformidad porque, en lugar de ser puntos de partida para la mejora continua, se vuelven el único fin a alcanzar. Esto encierra la mente en una jaula que limita el potencial de crecimiento y creatividad. Cuando las metas se enfocan exclusivamente en cifras o resultados específicos, las personas suelen caer en la trampa de hacer lo mínimo necesario para alcanzarlas. Este fenómeno genera una cultura de complacencia, donde una vez que se alcanza la meta, la motivación para mejorar se disipa.

Uno de los peligros más grandes de esta mentalidad es que transforma el éxito en algo estático, en lugar de dinámico. Las organizaciones y los líderes que se quedan satisfechos con sus metas corren el riesgo de quedarse atrás en un mundo que cambia rápidamente, mientras que aquellos que desafían sus propios límites son los que verdaderamente lideran la innovación y el crecimiento sostenido.

La importancia de la acción y la disciplina

Para salir de esa jaula mental, se requiere una combinación de acción y disciplina. La acción implica no solo perseguir las metas establecidas, sino también estar dispuestos a innovar y adaptarse continuamente. La disciplina es clave para mantener el esfuerzo constante, incluso cuando las metas ya se han alcanzado. Los líderes deben fomentar una cultura en la que las metas no sean el techo, sino el piso desde el cual seguir construyendo. Esta mentalidad evita que el éxito se convierta en un freno para el progreso.

Casos de líderes que rompieron esta mentalidad de conformidad

Un ejemplo claro es **Steve Jobs**, quien en Apple nunca se conformó con las metas alcanzadas. A pesar del éxito de productos como el iPod, Jobs impulsó a su equipo a desarrollar el iPhone, una innovación que revolucionó no solo la tecnología, sino también el estilo de vida de las personas. Para Jobs, las metas eran solo un paso hacia la siguiente gran idea, y su disciplina en exigir lo mejor de su equipo fue fundamental para mantener la empresa en constante evolución.

Otro ejemplo es **Elon Musk**, quien podría haberse conformado con el éxito de PayPal, pero en lugar de eso decidió embarcarse en proyectos más ambiciosos como Tesla y SpaceX. *Musk no ve las metas como destinos finales, sino como puntos de referencia que señalan cuán lejos aún se puede llegar.* La acción constante y la disciplina para mantener una visión a largo plazo son lo que lo ha llevado a romper paradigmas en múltiples industrias.

Las metas pueden convertirse en trampas de conformidad si no se acompañan de una mentalidad de crecimiento y acción continua. Los líderes que verdaderamente transforman sus organizaciones y sectores son aquellos que no se limitan a cumplir objetivos, sino que desafían constantemente sus propios límites, impulsados por la acción y la disciplina.

Mi propio caso. La vez que me encontré entre la meta y el propósito

Mi primer trabajo como practicante profesional fue en General Motors. La primera vez que solicité el trabajo, no fui aceptada. En mi mente estaba solo el entrar a esa empresa. Después de haber sido rechazada, regresé acongojada a casa de mis padres, con quienes vivía. Mi padre me preguntó que por qué quería entrar a esa empresa si había muchas empresas más a las que podía aplicar por una posición. Después de pensarlo durante un mes, escribí, que ganaría si entraba a General Motors y no a otra empresa. Más de diez por que llenaron la hoja. La guardé y repasé cada día inyectándome de una motivación distinta. En mi segunda entrevista cuando me preguntaron por qué estaba interesada en trabajar allí, saqué mi hoja y expliqué a la persona encargada de reclutar todos los beneficios que yo y la empresa podríamos tener si me contrataban. El resultado fue, que fui contratada. Y puedo decir que hasta hoy recibo los beneficios de haber trabajado allí. Lo que aprendí, lo he aplicado siempre.

La importancia de la disciplina y la coherencia

Definir metas con propósito no significa que las cosas se vuelvan más fáciles. De hecho, puede ser todo lo contrario. Liderar con propósito implica disciplina y consistencia. Es un proceso que requiere que el líder esté continuamente enfocado en los objetivos de largo plazo, sin dejarse desviar por las tentaciones del corto plazo. La disciplina es lo que permite que las organizaciones construyan culturas sólidas y equipos comprometidos.

Una de las empresas más exitosas con las que trabajé, en el sector industrial, logró duplicar su tamaño en cinco años. Su secreto: metas con un propósito firme y un equipo disciplinado. El director ejecutivo nunca perdió de vista su visión: transformar la industria con soluciones sostenibles. En cada decisión que tomaba, se preguntaba cómo contribuiría al propósito final de la empresa. Y esta claridad de visión le permitió tomar decisiones estratégicas audaces que, a largo plazo, resultaron en un crecimiento exponencial.

Más allá de los números

El crecimiento es una consecuencia irrenunciable para cualquier líder que aspire a ejercer una verdadera influencia en su organización. Pero este crecimiento no puede ser solo numérico. **Debe estar arraigado en un propósito claro, que inspire y guíe a los equipos hacia metas que realmente importan.**

El principio fundamental es claro: **no hay meta sin propósito**. Aquellos líderes que lo entiendan estarán preparados para romper las jaulas del liderazgo tradicional, desafiar los enfoques limitantes y crear una nueva visión, donde los resultados financieros son la consecuencia natural de liderar con propósito.

En los siguientes capítulos, exploraremos otros seis principios clave que permitirán a los líderes transformar sus organizaciones, comenzando con esta base sólida. Porque cuando lideras con propósito, las metas no son un destino, sino una consecuencia inevitable del impacto que generas.

Frase clave para reflexionar:

"El liderazgo es la capacidad de traducir la visión en realidad." — **Warren Bennis**

El liderazgo efectivo no se trata solo de alcanzar metas numéricas. Se trata de tener un propósito que impulse tanto a ti como a tu equipo hacia un futuro más significativo.

Práctica

Aquí tienes tres tareas que puedes implementar para conectar el propósito con las metas del equipo y de la organización:

1. Taller de Propósito. Definir un Propósito Claro y Compartido.

Organiza un taller de propósito con tu equipo donde cada miembro pueda reflexionar y alinear sus metas personales con los objetivos de la empresa. En este taller, el equipo debería identificar cuál es el impacto real de su trabajo en la vida de los clientes, la comunidad o la industria, más allá de las métricas financieras. El objetivo es que cada colaborador vea cómo su contribución diaria se conecta con un propósito mayor.

- Ejercicio: Preguntar al equipo: *"¿Cómo nuestro trabajo mejora la vida de nuestros clientes o el mundo?"* y luego vincular esas respuestas con las metas operativas de la empresa.

2. Redefinir Objetivos. Metas significativas que trasciendan los números.

Revisa las metas actuales de tu equipo o área y añade una dimensión cualitativa que refuerce el propósito detrás de esos objetivos. En lugar de enfocarse únicamente en alcanzar una cifra de ventas o productividad, define objetivos que también midan cómo el equipo está contribuyendo a algo más grande, como mejorar la experiencia del cliente, reducir el impacto ambiental o innovar en la calidad del servicio.

- Ejercicio: Redefinir cada meta clave del equipo, añadiendo un componente de impacto (ej. "Alcanzar un crecimiento del 15% en ventas mientras ayudamos a los clientes a eficientizar su operación de limpieza en un 10%").

3. Revisiones de Propósito en 1:1s. Retroalimentación continua centrada en el Propósito

Introduce en las revisiones periódicas de desempeño, como las reuniones 1:1, un espacio para hablar sobre el propósito, no solo sobre el rendimiento. Pregunta a los miembros del equipo cómo sienten que su trabajo está contribuyendo al propósito de la empresa y qué podrían hacer para alinear más sus tareas diarias con ese sentido de propósito. De esta manera, el equipo estará constantemente evaluando el "por qué" de lo que hacen.

- Ejercicio: Durante las reuniones de retroalimentación individual, incluye preguntas como: *"¿Cómo sientes que tu trabajo ha contribuido al propósito general del equipo o empresa este trimestre?"* y *"¿Qué ajustes podríamos hacer para alinearnos mejor con ese propósito?"*

- Estas tareas ayudan a los directores a reforzar la conexión entre las metas y el propósito, transformando las metas en algo más que simples números y fomentando un sentido de significado en el trabajo diario de sus equipos.

Y para ti,

Pregúntate ¿Cuál es mi propósito aquí? ¿Qué valor aporto? ¿Cómo ayudo al propósito final de la organización? ¿Mi propósito personal está vinculado con lo que hago?

Principio 2

"Incrementa la confianza"

La palabra confianza viene del latín *con-*, "juntos", de *fidere*, "fe" o lealtad. Que interesante que dice juntos. La confianza es uno de los pilares más importantes para el éxito en cualquier organización. A menudo, los líderes se concentran en procesos, tecnologías o estrategias para alcanzar sus metas, pero olvidan que son las personas quienes mueven la aguja en los resultados. Sin confianza, los equipos se vuelven cautelosos, las relaciones se erosionan, la comunicación se debilita y la innovación se detiene. La confianza no solo facilita la ejecución, sino que potencia el compromiso y la creatividad de todos los involucrados. En este capítulo, exploraremos la confianza desde tres dimensiones clave:

la autoconfianza, la confianza en los demás, y la confianza que los demás tienen en uno mismo.

La Autoconfianza: El Fundamento del Liderazgo

La autoconfianza es el punto de partida. Un líder que no confía en sí mismo transmite inseguridad a su equipo y crea un entorno de incertidumbre. La autoconfianza no significa arrogancia, sino tener una comprensión profunda de las propias capacidades, limitaciones y el coraje de actuar a pesar de los riesgos.

Cuando los líderes dudan de sí mismos, toman decisiones más conservadoras, lo que impide a la organización ir más allá de las metas tradicionales. Las personas con confianza en sí mismas inspiran, porque ven las dificultades como desafíos a superar, como oportunidades a alcanzar, no como barreras infranqueables. Uno de los grandes ejemplos de autoconfianza en el liderazgo es el de **Nelson Mandela**, quien dijo: *"La mayor gloria en vivir radica no en nunca caer, sino en levantarnos cada vez que caemos."* Esta filosofía es esencial para los líderes que buscan empujar los límites de lo posible.

Impacto de la falta de autoconfianza

Un ejemplo de fracaso debido a la falta de autoconfianza lo encontramos en el caso de **Kodak**. A pesar de haber inventado la primera cámara digital, la compañía no tuvo la confianza suficiente para transformar su modelo de negocio, temiendo que la transición de lo analógico a lo digital dañaría su negocio principal de películas fotográficas. Este enfoque conservador, resultado de la falta de confianza en su capacidad para liderar el cambio, llevó al declive de una de las marcas más icónicas del mundo.

Ahora imaginemos a Yadira, una gerente de ventas en una empresa de tecnología. A pesar de tener conocimientos técnicos y experiencia, Yadira carece de autoconfianza en su capacidad para liderar a su equipo. Esto se manifiesta en varias formas:

Indecisión constante: Yadira teme tomar decisiones importantes. Cuando el equipo le presenta ideas para mejorar las ventas, siempre duda y posterga la aprobación de los proyectos, solicitando más datos o cambios innecesarios. Esta falta de firmeza genera frustración, ya que el equipo siente que sus esfuerzos no avanzan.

Evita asumir riesgos: Cada vez que surge una oportunidad para innovar o probar nuevas estrategias, Yadira prefiere seguir los procedimientos establecidos, aunque ya no sean efectivos. Esto crea una sensación de estancamiento, porque los miembros del equipo no se sienten desafiados ni motivados a explorar nuevas formas de alcanzar sus objetivos.

Inseguridad en presentaciones: Cuando Yadira presenta los resultados de su equipo ante la dirección, suele dudar, balbucear o contradecirse. Su lenguaje corporal muestra nerviosismo, y sus respuestas son vagas o poco claras. Esta falta de seguridad en sí misma crea la percepción de que no está a la altura del puesto o no conoce los suficiente.

Impacto en el respeto del equipo

Con el tiempo, la falta de autoconfianza de Yadira comienza a erosionar el respeto que su equipo tenía por ella. Los empleados se vuelven más pasivos, ya que sienten que, sin decisiones claras, su trabajo no tendrá el impacto necesario. Algunos incluso comienzan a tomar decisiones sin consultarla, lo que crea caos y desorganización. Otros se desconectan emocionalmente, cumpliendo solo con lo mínimo requerido porque no creen que Yadira pueda liderarlos hacia el éxito.

La consecuencia más grave es que el equipo comienza a cuestionar su liderazgo y busca validación en otros líderes de la organización. Esto no solo mina su autoridad, sino que crea un ambiente de baja moral y desmotivación.

Lecciones Aprendidas

Este ejemplo ilustra cómo la falta de autoconfianza en una líder afecta directamente el respeto que su equipo le tiene. Un líder que no confía en sí mismo no puede transmitir seguridad ni motivación, lo que a su vez genera una desconexión entre el equipo y la visión del líder. Para revertir esta situación, Yadira necesitaría trabajar en desarrollar su confianza a través de la toma de decisiones proactiva, asumir riesgos calculados y fortalecer su presencia ante el equipo y los directivos.

Cuando la autoconfianza aflora

En contraste, **Howard Schultz**, ex CEO de Starbucks, mostró una autoconfianza inquebrantable al recuperar el control de la empresa en 2008. A pesar de las críticas, Schultz implementó un plan audaz de cierre temporal de tiendas y reentrenamiento de los empleados, centrado en mejorar la experiencia del cliente. Su confianza en la visión permitió a Starbucks no solo sobrevivir, sino prosperar durante la crisis financiera global.

Confía en ti

Todos los días debemos refrendar nuestra valía. Cuando no logramos algo y no tenemos confianza en nosotros, tendemos a empezar con dudas sobre nuestras capacidades.

Cada mañana trabajo con mi mente, reforzando con afirmaciones mis capacidades y las grandes cosas que puedo llegar a hacer. No se trata de un ritual de ego sino de reconocer que estoy preparada para mis labores y resolver desafíos.

Autoconfianza profesional

Tenerla implica confiar en tus habilidades, decisiones y en tu capacidad para superar desafíos. Aquí tienes 10 tips efectivos para fortalecer tu autoconfianza en el ámbito profesional:

1. Reconoce tus logros y fortalezas

Hacer un inventario de tus éxitos, grandes y pequeños, te ayudará a recordar tu capacidad y experiencia. Mantén una lista de tus logros profesionales y habilidades clave, y revísala regularmente. Esta práctica te dará una base sólida para afrontar nuevos retos, ya que tendrás pruebas tangibles de tu efectividad y contribución en el pasado.

2. Establece metas contributivas claras y alcanzables

Fija objetivos específicos y realistas en tu carrera y divídelos en metas más pequeñas. Cumplir estas metas incrementa tu confianza al mostrarte que eres capaz de progresar de manera constante. Celebra cada éxito en el camino, ya que cada paso cumplido fortalece tu seguridad y motivación para enfrentar el siguiente desafío.

3. Prepárate y capacítate continuamente

La autoconfianza está profundamente ligada a la competencia. Mantente al día con las tendencias de tu industria y adquiere nuevas habilidades que fortalezcan tu perfil profesional. Al saber que posees los conocimientos necesarios, te sentirás más seguro al enfrentar cualquier situación laboral.

4. Practica la autocompasión

Ser amable contigo mismo ante los errores es fundamental. Todos cometemos errores, y aprender de ellos, en lugar de castigarte, es clave para el crecimiento profesional. Cambia las críticas internas por reflexiones constructivas y recuerda que los errores son oportunidades para aprender y mejorar.

5. Desarrolla una red de apoyo

Tener personas en las que confíes y que puedan brindarte retroalimentación constructiva es invaluable. Rodéate de colegas y mentores que te respalden y de quienes puedas aprender. Esta red de apoyo no solo te ayuda a crecer profesionalmente, sino que también refuerza tu confianza al saber que tienes aliados en tu camino.

6. Asume riesgos calculados

Atreverse a asumir desafíos profesionales te saca de la zona de confort y te enseña de lo que eres capaz. Aunque puedan generar incertidumbre, estos riesgos calculados son clave para el crecimiento. Cada éxito en situaciones nuevas refuerza tu confianza y si fracasas, cada intento también te ayuda a identificar áreas de mejora.

7. Cuida tu lenguaje corporal y comunicación

La manera en que te presentas y comunicas también refuerza tu autoconfianza. Mantén una postura erguida, realiza contacto visual y comunica tus ideas de manera clara y segura. Incluso cuando no te sientas del todo seguro, una postura de confianza puede ayudarte a proyectar seguridad y, con el tiempo, a consolidarla.

8. Sé proactivo y busca oportunidades de liderazgo

Participar en proyectos o iniciativas en las que puedas mostrar tus habilidades de liderazgo incrementa tu visibilidad y confianza en tus capacidades. Aprovecha cualquier oportunidad para tomar la iniciativa y demostrar tu competencia en la toma de decisiones, planificación y resolución de problemas.

9. Desarrolla una mentalidad de crecimiento

La mentalidad de crecimiento se basa en la idea de que las habilidades y el conocimiento pueden desarrollarse con esfuerzo y dedicación. Cambia la idea de "no puedo hacer esto" por "aún no puedo hacer esto, pero puedo aprender." Al adoptar esta perspectiva, te permites evolucionar constantemente y te das el espacio para mejorar con cada experiencia.

10. Visualiza tu éxito y prepárate mentalmente

La visualización es una técnica poderosa para incrementar la confianza. Imagina tu éxito en escenarios laborales importantes, como reuniones o presentaciones. Visualizarte logrando tus metas y manejando desafíos refuerza la confianza en tu habilidad para superar cualquier situación.

Tarea

Construyendo autoconfianza en proyectos desafiantes

Imagina que asumes un proyecto complejo que demanda habilidades nuevas. En vez de dudar de tus capacidades, divídelo en tareas manejables y fija un cronograma. Prepárate bien, busca apoyo de tu red y visualiza los resultados que deseas alcanzar. Cada avance, por pequeño que sea, se convierte en una fuente de confianza que te impulsa a seguir adelante.

La confianza en los demás: Un Equipo de Alto Desempeño

Un líder que no confía en su equipo está destinado al fracaso. La microgestión, la toma de decisiones centralizada y la falta de delegación son signos de desconfianza que asfixian la iniciativa y el crecimiento personal de los empleados. Para que un equipo alcance y supere sus metas, debe sentirse autopoderado y esto solo ocurre cuando los líderes confían en ellos. **Stephen Covey**, en su libro *"La Velocidad de la Confianza"*, afirma que *"Cuando la confianza aumenta, la velocidad sube y los costos bajan."*

La confianza en los demás crea un entorno de colaboración, donde las personas se sienten libres de aportar ideas, asumir riesgos y ser responsables de los resultados. Los líderes que desarrollan la confianza en sus equipos permiten a las personas trabajar con más autonomía y creatividad, lo que es clave para la innovación y el éxito a largo plazo.

Al transmitir la confianza al equipo, es importante refrendar el compromiso. Cuando la confianza es dada o recibida, hay que tener claro que el cumplimiento es esencial.

Confío en ti

Hace un tiempo uno de mis colaboradores, responsable de atender a clientes no lograba corregir su tendencia de fallas. Él tenía la tarea de hacer procesamiento de órdenes. Su supervisor y gerente ya habían hablado con él varias veces. Lo observaban y se daban cuenta de que no era consistente siguiendo el proceso. Era un chico bueno e inteligente, pero por alguna razón desconocida no se apegaba a seguir los procedimientos. Un día escribí en un "postit": *"Confío en ti y tú ¿confías en ti?"*. Al día siguiente, el chico se acercó a mí y me dio las gracias por el mensaje, diciéndome, voy a ser mejor, me comprometo. Me mostró que es lo que haría para dejar de equivocarse y en efecto no solo fue mejor, su autoestima creció. Este es un claro ejemplo de la confianza entregada y del compromiso adquirido.

Impacto de la falta de confianza en el equipo

"Cuando no confías todo se disminuye"

Un ejemplo de fracaso por la falta de confianza en el equipo fue la gestión del proyecto **"Windows Vista"** por parte de Microsoft. La falta de confianza en los desarrolladores, la microgestión y los constantes cambios de dirección provocaron una serie de retrasos y un producto final que no cumplió con las expectativas de los consumidores. La falta de un liderazgo que confiara en la capacidad del equipo para entregar una solución robusta a tiempo resultó en una de las mayores decepciones de la empresa.

Confianza entre socios

Un ejemplo de cómo la falta de confianza afectó una relación de negocios ocurrió entre **Walmart y el Grupo de Transportistas Mexicanos** en 2018. Walmart, uno de los mayores minoristas en México, trabajaba con varias empresas de transporte para abastecer sus tiendas. Sin embargo, una serie de problemas relacionados con robos de mercancía, falta de cumplimiento en los tiempos de entrega y pérdidas de producto comenzó a afectar la relación entre Walmart y sus transportistas.

La confianza entre Walmart y sus proveedores de transporte se fue deteriorando debido a la percepción de que algunos transportistas no estaban tomando las medidas de seguridad adecuadas. Por su parte, los transportistas argumentaban que Walmart no compensaba de forma justa los riesgos adicionales que implicaba el transporte en rutas peligrosas y que había un exceso de control y presión por cumplir con los tiempos de entrega.

Ante esta falta de confianza, Walmart decidió reducir significativamente la colaboración con algunos transportistas y aumentar sus propias inversiones en flotas de transporte, creando un sistema de distribución más controlado. Esta decisión no solo afectó la relación con el Grupo de Transportistas Mexicanos, sino también a muchas pequeñas empresas de transporte que dependían de los contratos con Walmart. A largo plazo, esta ruptura resultó en mayores costos operativos para Walmart y en la pérdida de socios locales de transporte, que vieron afectadas sus operaciones y su estabilidad financiera.

Este caso es un claro ejemplo de cómo, la falta de confianza y de colaboración activa entre socios comerciales puede llevar a rupturas de relaciones estratégicas y afectar los resultados tanto de grandes empresas como de pequeños proveedores.

Mi recomendación es: Confía y observa. No sobre controles, pero tampoco te desvincules de los entregables. Establece las expectativas y los tiempos de revisión para determinar si hay cumplimiento o hay que modificar algo.

La confianza es un catalizador de resultados

Satya Nadella, actual CEO de Microsoft, ha sido un defensor de la confianza en su equipo. Bajo su liderazgo, la compañía adoptó una mentalidad de crecimiento y colaboración, otorgando espacio a los empleados para innovar y tomar decisiones clave. El renacimiento de la compañía como líder en tecnología son un testimonio de lo que se puede lograr cuando los líderes confían en sus equipos.

La confianza de los demás en uno: El Liderazgo creíble

La tercera dimensión de la confianza es la que los demás tienen en ti como líder. Un líder que inspira confianza en su equipo es capaz de generar una lealtad y un compromiso inquebrantable. Para ganar la confianza de los demás, un líder debe ser coherente en sus palabras y acciones, demostrar integridad y tomar decisiones justas, incluso en momentos difíciles.

Como dijo **Warren Buffett**, *"Se necesitan 20 años para construir una reputación y solo cinco minutos para arruinarla."* La confianza de los demás en uno mismo es un activo invaluable. Sin ella, incluso los mejores planes y estrategias fracasan, porque las personas no estarán dispuestas a seguir a un líder en el que no confían.

Impacto de la falta de confianza en el Líder

Un ejemplo de fracaso debido a la pérdida de confianza en el liderazgo es el caso de **Travis Kalanick**, cofundador de Uber. A pesar de haber llevado a la empresa a un éxito inicial impresionante, su estilo de liderazgo errático y su falta de integridad en situaciones clave erosionaron la confianza de empleados e inversores. Esto resultó en una crisis interna que llevó a su destitución como CEO y creó un entorno de desconfianza que afectó gravemente la cultura de la empresa.

Ganar la confianza de los demás

En contraste, **Indra Nooyi**, ex CEO de PepsiCo, es un ejemplo de una líder que construyó una base sólida de confianza a lo largo de su carrera. Nooyi no solo fue admirada por sus logros empresariales, sino también por su capacidad para conectar con los empleados y clientes de una manera auténtica. Al ser una líder accesible y coherente, Nooyi generó un alto nivel de confianza dentro y fuera de la empresa, lo que permitió a PepsiCo superar desafíos y mantener su crecimiento sostenible.

La confianza como motor del éxito

La confianza es el activo más importante que un líder puede construir y nutrir en su equipo. La autoconfianza proporciona el coraje para liderar en tiempos de incertidumbre, la confianza en los demás fomenta la colaboración, la innovación y la confianza de los demás en uno mismo garantiza que el equipo esté dispuesto a seguir al líder hacia nuevas metas. Las organizaciones que priorizan la confianza, en todas sus formas, están mejor posicionadas para superar sus metas y crear un impacto duradero en su industria.

Como dijo **Brené Brown**: *"La confianza se construye en pequeños momentos."* Para ir más allá de los números, los líderes deben enfocarse en esos momentos, construyendo y reforzando la confianza en cada interacción y decisión. Solo así es posible crear una cultura donde las personas, no solo los procesos o los números, sean el motor real del éxito.

Construir la confianza de los demás hacia uno mismo es fundamental para fortalecer relaciones personales y profesionales. La confianza no se obtiene de inmediato; es un proceso que requiere consistencia, transparencia y empatía. Aquí tienes algunos enfoques clave para lograrlo:

1. Cumple tus promesas

La confianza se construye a través de la fiabilidad. Cumplir las promesas, sin importar cuán pequeñas sean, muestra que tienes integridad y respeto por los compromisos. Evita prometer más de lo que puedes cumplir y si surgen obstáculos, comunica el cambio de manera honesta y lo antes posible.

2. Sé transparente y honesto

La transparencia fomenta la confianza, ya que elimina el espacio para malentendidos y suposiciones. Comparte información de manera abierta y evita omitir detalles clave, sobre todo en temas que puedan ser delicados. La sinceridad en las palabras y acciones evita crear sospechas y genera una percepción de autenticidad.

3. Escucha activamente

Escuchar con empatía demuestra que valoras las opiniones y sentimientos de los demás. Practica la escucha activa: muestra interés genuino, haz preguntas y valida las perspectivas de la otra persona. Esto crea una conexión más profunda y favorece la confianza, ya que la persona siente que es escuchada y respetada.

4. No somos perfectos.

Nadie es perfecto, y reconocer cuando te equivocas muestra humildad y autenticidad. Admitir un error y hacer todo lo posible por corregirlo muestra a los demás que te responsabilizas de tus acciones. Esto ayuda a evitar resentimientos y construye confianza, ya que demuestra que no temes reconocer tus fallas.

5. Respeta la confidencialidad

La confianza se construye también a través del respeto a la privacidad y confidencialidad de las personas. Si alguien comparte algo en confianza, asegúrate de no divulgarlo. El cumplimiento de esta confidencialidad es crucial, ya que una sola violación puede destruir la confianza construida.

6. Sé consistente

La consistencia en el comportamiento crea una base sólida para la confianza, ya que las personas saben qué esperar de ti. Evita cambios bruscos de actitud y mantente firme en tus valores. La estabilidad en tus palabras y acciones brinda una sensación de seguridad y predictibilidad.

7. Comparte tus valores y objetivos

La confianza se fortalece cuando las personas comprenden tus principios y hacia dónde te diriges. Comparte tus metas, tu visión y los valores que te guían en tus decisiones. Esto permite que las personas te conozcan mejor y ayuda a crear una base de entendimiento mutuo.

8. Valora y respeta a los demás

Demostrar respeto y reconocimiento a los demás es fundamental. Cuando las personas se sienten valoradas, su confianza en ti crece. Da crédito donde corresponde, apoya a tus compañeros, y respeta su tiempo y opiniones. La confianza es una calle de dos sentidos, y mostrar respeto es una excelente forma de cultivarla.

9. Sé paciente

La confianza se construye con el tiempo y no puede forzarse. Cada pequeña interacción es una oportunidad para fortalecerla. Sé paciente y permite que la relación crezca de forma natural; así, la confianza se consolidará de manera genuina y duradera.

Práctica
Construir confianza en un entorno laboral

Si estás en una posición de liderazgo, comenzar con una comunicación honesta y constante con tu equipo es clave. Comparte los objetivos comunes, mantén una comunicación abierta sobre los desafíos y ofrece ayuda en lugar de supervisar. A través de acciones como estas, puedes crear un ambiente donde los empleados sientan que pueden confiar en ti y entre sí, generando una colaboración más fluida y un compromiso sincero hacia los objetivos compartidos.

Construir la confianza es un esfuerzo continuo y valioso que mejora todas las relaciones. Con el tiempo, tus acciones y la consistencia en ellas son las que consolidarán la percepción de confiabilidad y respeto, elementos esenciales para cualquier vínculo efectivo y duradero.

Principio 3

"Multiplicarse para ganar"

El éxito en cualquier ámbito no se logra en solitario. Este tercer principio, se centra en la importancia de las colaboraciones estratégicas y el liderazgo compartido. Grandes resultados se construyen con aportaciones diversas, donde el esfuerzo conjunto amplifica el impacto y permite logros que jamás se alcanzarían individualmente.

Recientemente me incorporé a una nueva empresa en la que tengo un poco más de 160 colaboradores. Durante mi proceso de conocer a las personas y el negocio, me di a la tarea de organizar sesiones con grupos en los que le pido que me compartan tres cosas: su nombre, que mencionen algo de ellos que nadie sabe y cual es su talento más grande, aquel que, aunque no sea aplicado ellos sientes que son buenos. Al final recapitulo sobe el aprovechar el talento de cada uno y vernos como un menú del cual podemos tomar aprendizaje y conocimiento. Con este ejercicio soy sensible al mismo tiempo del cúmulo de habilidades que quizá no han sido explotadas aún y que activándolas podemos "volar" arriba de los resultados esperados.

Vivimos en una era donde la colaboración y la multiplicación del talento son esenciales. Sin embargo, en la práctica, este principio se enfrenta a desafíos. Desde líderes que insisten en un estilo autocrático hasta equipos que carecen de cohesión y el fracaso suele aparecer cuando las personas intentan cumplir objetivos solos. *Multiplicarse para ganar no es solo una estrategia, sino una* **mentalidad** *que debe abrazar cada líder.*

Mi enfoque es que cuando uno colabora, conecta y entonces se crea un efecto multiplicador. Al existir un apoyo incondicional, uno mismo está extendiéndose y siempre, pero siempre dos cabezas pensarán más que una sola.

Juntos por una visión

Una empresa de tecnología reconocida por su innovación decidió crear un comité multidisciplinario para diseñar un producto revolucionario. El CEO fomentó una cultura en la que todos los empleados podían contribuir. Este comité, conformado por ingenieros, diseñadores y estrategas de diferentes niveles de experiencia, logró acelerar el desarrollo del producto. No solo redujeron el tiempo de producción a la mitad, sino que lanzaron un producto de alto impacto en el mercado, que marcó una ventaja competitiva. Este éxito se logró gracias a la disposición de la empresa a multiplicarse, permitiendo que todos los miembros contribuyeran.

Como bien dijo **Andrew Carnegie**, "El trabajo en equipo es la capacidad de trabajar juntos hacia una visión común. La capacidad de dirigir logros individuales hacia objetivos organizacionales. Es el combustible que permite a la gente común obtener resultados poco comunes."

Un líder que sabe multiplicarse entiende que cada miembro del equipo tiene un valor único. Cuando todos aportan desde sus talentos y experiencias, la organización se fortalece y las metas se alcanzan más rápido y con mayor efectividad.

Cuando se ignora la colaboración

El deseo de controlar y no delegar, por otro lado, es una de las causas más comunes de fracaso. Una empresa en el sector de servicios enfrentaba problemas con la retención de clientes. La dirección optó por resolver el problema internamente, sin escuchar a los colaboradores de las áreas clave. Esta decisión provocó la pérdida de perspectivas valiosas y el desaprovechamiento de ideas innovadoras. El problema persistió, y el equipo directivo se agotó intentando resolver un problema que habría sido más fácil de abordar con ayuda del equipo completo. Esto puede llevar a perder oportunidades y, en última instancia, a un desempeño deficiente.

Napoleón Hill capturó esta idea al decir: "El esfuerzo individual logra poco, pero el esfuerzo coordinado consigue todo." La clave está en fomentar un entorno donde el liderazgo se comparta y el conocimiento se multiplique.

Como una practicante devota de incrementar mi consciencia, me preparé para obtener una certificación en "un curso de milagros". El solo nombre pudiera parecer que es una clase de religión, más lo que esta preparación ayuda a ser una mejor versión de lo que uno ha sido para cumplir nuestros propósitos. Más adelante me certifiqué en un curso de milagros para líderes. ¿Por qué hago esta mención? Existe una parte de esta preparación en la que enseñan que la creación no es individual.

Según el curso, la creación no es un acto aislado de un solo individuo, sino una co-creación que involucra la unidad y la colaboración. Esto se basa en la idea de que solo a través de la conexión y la colaboración podemos experimentar la creación en su forma más pura. La esencia está en reconocer que no estamos separados, sino interconectados y que a través de esa unión emerge la verdadera creación.

Y tú, ¿Qué opinas?

Pedir opinión de los demás es un acto de humildad. Es deshacernos de las ideas de que somos los únicos que sabemos o podemos resolver algo. Al hacer la pregunta estamos abriendo los canales de comunicación y creando el terreno para generar empatía. También es el paso introductorio para mejorar nuestra escucha, ya que al pedir opinión estamos forzados a escuchar.

Hace tiempo se presentó un proyecto importante sobre el cual yo tenía dudas y debíamos invertir en él. Mi equipo comercial, estaba a favor de llevarlo a cabo, con ese espíritu inyectado de todo lo podemos hacer. Esto es muy típico en el mundo de las ventas. Con la duda en mente empecé a hacer algunas llamadas a las personas involucradas en este proyecto y a las personas operativas. – "Estoy pensando si llevamos a cabo este proyecto, ¿tu que opinas? –, era el inicio de mi conversación. Obtuve tantos datos, llamadas de regreso y dentro de todo ese entorno de comunicación, me llegó finalmente que quien nos estaba invitando al proyecto nos estaba usando solamente como un cuadro comparativo y ya tenía su selección para el proyecto. Un para de llamadas más a nuestro cliente me confirmaron esto. Acto seguido, convoqué a una reunión a todos para comunicar la decisión junto con las razones de ello, agradeciendo la colaboración. Declinamos amable y amistosamente la participación en el proyecto.

¿Que hubo aquí?

1. Una decisión de ventas o comercial se convirtió en una decisión de negocios.

2. Todas las personas se sintieron importantes al ejercer su derecho a opinar.
3. El efecto del acto multiplicativo derivó en convertirnos en una unidad a favor de la misma decisión.

Recomendaciones para implementar el principio de multiplicarse para ganar

Para los directivos y gerentes que desean implementar este principio, es fundamental adoptar un liderazgo que promueva la colaboración y el empoderamiento del equipo. Aquí tienes algunas recomendaciones prácticas para comenzar:

1. Delegación inteligente: Conocer las fortalezas de cada miembro del equipo permite asignar tareas estratégicamente. Esto no solo optimiza el desempeño, sino que también crea un ambiente de confianza donde cada persona siente que su aporte es valioso.

2. Fomentar la diversidad de perspectivas: Invitar a personas de distintas áreas a participar en la toma de decisiones es una forma eficaz de multiplicar el conocimiento y la experiencia. Por ejemplo, en una discusión de estrategia, los aportes del equipo de ventas pueden complementar los análisis del equipo de finanzas, generando soluciones completas y eficientes.

3. Facilitar canales de comunicación abiertos: Una buena comunicación es clave para la colaboración. Realizar reuniones

regulares y usar herramientas de comunicación eficaces son prácticas que facilitan el flujo de ideas.

4. Celebrar los logros en equipo: Cuando se alcanzan los objetivos, es importante reconocer el esfuerzo de todos. Esta práctica ayuda a construir un ambiente colaborativo donde cada miembro se sienta valorado.

5. Mentoría y capacitación cruzada: Fomentar un entorno en el que los empleados se capaciten entre sí o donde los líderes guíen a otros es una forma eficaz de multiplicarse. Esta práctica también ayuda a preparar al equipo para enfrentar cualquier desafío futuro. ¿Recuerdas que al inicio hablé de conocer los talentos de mi equipo? Esto sirve para usarlos como maestros para otros.

Práctica

Aquí tienes algunos ejercicios que pueden ayudar a implementar este principio en tu equipo:

1. Ejercicio de delegación: Identifica una tarea crítica en tu departamento y elige a un miembro de tu equipo para que la lidere. Haz un seguimiento de su progreso y brinda apoyo, pero no intervengas en las decisiones diarias. Evalúa los resultados y cómo esta experiencia impacta tanto en el líder como en el equipo.

2. Lluvia de ideas grupal: Organiza una sesión de lluvia de ideas en equipo para abordar un problema complejo. Asegúrate de que

cada miembro del equipo tenga un espacio para compartir sus perspectivas. Al final, selecciona tres ideas y define una estrategia conjunta para implementarlas.

3. Ejercicio de mentoría cruzada: Organiza un programa en el que los empleados intercambien conocimientos con compañeros de diferentes departamentos. Al final del programa, realiza una evaluación para medir qué tan útil fue esta experiencia para mejorar el trabajo en equipo y la comprensión del negocio.

4. Círculos de retroalimentación: Implementa círculos de retroalimentación mensualmente, donde los miembros del equipo compartan sus experiencias y aprendan unos de otros. Esta práctica ayuda a reducir barreras de comunicación y fomenta la confianza.

Multiplicación global

Una empresa multinacional en el sector farmacéutico utilizó la colaboración de equipos globales para acelerar la investigación de un nuevo medicamento. En lugar de limitarse a los laboratorios de un solo país, aprovecharon el talento de equipos de investigación en varios continentes, quienes trabajaron en paralelo para resolver problemas. Esta estrategia acortó el tiempo de desarrollo en un 40%. Además de alcanzar su meta en tiempo récord, el producto fue bien recibido en el mercado y fortaleció la reputación de la compañía.

El dolor en una cadena de suministro.

Una empresa de manufactura intentó mejorar su cadena de suministro, pero centralizó todo el proceso de planificación en una sola área directiva. Esta falta de inclusión llevó a decisiones desalineadas con la realidad en planta y con las necesidades de logística. La cadena de suministro se complicó, los costos se dispararon y el proyecto fracasó, todo porque no se permitió que las áreas involucradas colaboraran. Esta experiencia es un claro ejemplo de cómo la falta de colaboración puede sabotear los objetivos más ambiciosos.

Multiplicarse para ganar no solo es una estrategia; es la base de un liderazgo efectivo. Un líder que se multiplica crea un entorno de colaboración donde todos aportan y crecen. Los grandes logros no son producto del esfuerzo de una sola persona; son el resultado de un equipo unido con un propósito compartido.

Como dijo Helen Keller: *"Solos podemos hacer poco; juntos podemos hacer mucho"*. Esta frase nos recuerda que la verdadera fuerza está en la capacidad de unir esfuerzos y multiplicar el impacto de cada miembro.

Multiplicarse es reconocer el poder colectivo, ayudar a transformar a otros para que se conviertan en un pilar que sostiene los objetivos comunes.

Más allá de los números

Principio 4

"Las metas no son tan importantes como lo es el Potencial"

Durante un vuelo escuché un podcast de una entrevista realizada al ganador del premio nobel de física en 2017, Barry Barish. El Doctor Barish dijo: No te puedes deshacer de la Física, la Física está en todo, solo que a veces la experimentación no es la adecuada. Esto me llevó a pensar que uno no se puede deshacer del potencial. En todo existe potencial. El potencial se refiere a la capacidad no utilizada o subexplotada de una persona o de un equipo que, al desarrollarse, puede llevarlos a logros excepcionales. En física, el potencial es la energía almacenada que aún no se ha liberado, como la energía en una batería antes de ser usada. Aplicado al liderazgo y los negocios, esto se traduce en los talentos y habilidades internas que, cuando se desbloquean, permiten sobrepasar cualquier meta inicial. En un sentido comercial el potencial es la oportunidad disponible que no se ha tomado.

Las metas son solo un punto de referencia y que el verdadero motor del éxito sostenido es el **potencial inherente** que cada persona y equipo posee. El potencial, en este contexto, no es solo la capacidad latente de un individuo o de un grupo, sino una fuente poderosa que, cuando se explora, permite ir más allá de cualquier objetivo. No son las metas las que nos definen, sino nuestro potencial para reinventarnos a través de ellas.

Cuando pensamos en las metas como el destino final, podemos caer en la trampa de limitarnos y pasar por alto nuestro verdadero potencial. Las metas, aunque útiles para guiarnos, son solo puntos de referencia temporales. Si nos enfocamos únicamente en alcanzarlas, corremos el riesgo de perder oportunidades de crecimiento y aprendizaje en el camino.

Un equipo de ventas con una meta de ingresos fija

Imagina un equipo de ventas al que se le asigna una meta de ingresos específica para el trimestre. Si los vendedores se centran solo en cumplir esa cifra, su enfoque estará en cerrar ventas rápidamente, sin considerar el potencial de construir relaciones a largo plazo con los clientes. Una vez que alcanzan la meta, podrían detener sus esfuerzos, perdiendo la oportunidad de expandir la cartera de clientes y de explorar nuevas estrategias de venta que les ayuden a superar el objetivo inicial. Aquí, la meta se convierte en un límite, porque desvía el enfoque del crecimiento continuo y del fortalecimiento de relaciones, que tienen un potencial mucho mayor para el negocio a largo plazo.

Un emprendedor con el objetivo de abrir una tienda

Un emprendedor puede tener como meta abrir una tienda física en su ciudad. Si se concentra solo en lograrlo, quizá logre inaugurar el local y establecer un negocio rentable a nivel local. Sin embargo, si el emprendedor explora más allá de esa meta y se enfoca en su potencial y propósito —por ejemplo, brindar productos accesibles y de calidad a toda la región—, podría descubrir oportunidades de expansión digital, franquicias o alianzas estratégicas que le permitirían alcanzar a un público mucho más amplio. En este caso, la meta inicial de abrir la tienda sería solo el comienzo de un camino mucho más amplio, impulsado por el propósito y su verdadero potencial.

Cuando tratamos las metas como hitos y no como límites, cada logro se convierte en un trampolín hacia algo mayor. Enfocarnos solo en la meta puede darnos una satisfacción momentánea, pero al explorar nuestro potencial con un propósito, descubrimos que nuestros verdaderos límites están mucho más allá de lo que imaginábamos.

"Una meta sin propósito es un destino vacío, y el potencial sin propósito es energía desperdiciada; solo cuando los tres se alinean, alcanzamos resultados que realmente trascienden."

Meta, potencial y propósito se pueden relacionar en una fórmula que describe cómo el potencial transforma los objetivos en logros extraordinarios cuando se alinean con un propósito.

Fórmula Conceptual

Resultado Extraordinario
=
(Meta × Potencial) + Propósito

Donde:
Meta: es un objetivo tangible y alcanzable.
Potencial: la capacidad para ir más allá de lo esperado.
Propósito: la razón trascendente que da sentido al esfuerzo y desbloquea el potencial.
Esta fórmula subraya que la meta es un objetivo medible, mientras que el potencial es el recurso interno que puede amplificar los resultados cuando se explora y se trabaja con intención. El

propósito es el motivador que otorga sentido a la meta y desencadena el deseo de desarrollar el potencial.

Abordemos algunos ejemplos que tienen relación con mi formula:

El Atleta Desconocido. Un corredor amateur entrena todos los días sin un objetivo claro. Aunque tiene el potencial de competir profesionalmente, no explora su habilidad debido a la falta de propósito. Al definir una meta —como correr en una maratón benéfica en honor a su comunidad— su potencial se activa y su rendimiento se multiplica, superando las expectativas.

Empresa Tecnológica en Expansión Un startup tecnológico logra buenos resultados en ventas locales. La empresa identifica que su equipo de desarrollo tiene un potencial creativo sin explotar. Al proponer una meta global y alinear su propósito hacia mejorar la conectividad en regiones desfavorecidas, el equipo se involucra más y supera las metas iniciales, ampliando su alcance de mercado e impacto social.

La Ciencia detrás del potencial

Como Ingeniera que soy y con gusto por la Física elaboraré una analogía física sobre la ciencia detrás del potencial.

En física, el potencial eléctrico representa la posibilidad de movimiento de cargas. Sin un camino por el cual fluir, esta energía permanece estática. En el ámbito de negocios, el potencial humano es similar: es energía en reposo que espera la dirección adecuada para liberarse.

"El potencial sin acción es como un río sin cauce." — Parafraseado de Isaac Newton

Potencial explotado vs. inexplotado

Explotado: Una compañía de retail incentiva a su personal a proponer ideas nuevas para mejorar la atención al cliente. Al desbloquear el potencial creativo de los empleados, implementan innovaciones que elevan la satisfacción y fidelización del cliente.

Inexplotado: Una empresa de manufactura establece metas de productividad sin considerar el potencial innovador de sus trabajadores. Este enfoque limitante frena mejoras operativas y deja recursos sin aprovechar.

"No se trata de cuán bueno eres ahora, sino de cuán bueno puedes llegar a ser." — Jim Collins

"El potencial no tiene límites; los límites los establece la mente." — Albert Einstein

Una organización sin fines de lucro

Imagina una organización sin fines de lucro cuyo objetivo inicial es recaudar fondos para construir un hospital en una comunidad necesitada. Su meta es específica y medible, pero en el proceso, la organización se da cuenta de que su propósito no es solo construir el hospital, sino también mejorar la calidad de vida en la región. Con este propósito claro, movilizan a voluntarios, médicos y arquitectos para desarrollar un proyecto integral: no solo construyen el hospital, sino que establecen programas de educación en salud, talleres de capacitación y redes de apoyo para la comunidad. Gracias al propósito y al potencial de colaboración de todas estas personas, la organización no solo logra construir el hospital, sino que impulsa cambios sostenibles que transforman la región.

Caso de una Empresa tecnológica con visión innovadora

Un startup de tecnología establece la meta de lanzar una aplicación de productividad para vender 50,000 suscripciones en su primer año. A medida que trabajan hacia esa meta, el equipo descubre un propósito mayor: quieren ayudar a las personas a equilibrar su vida personal y laboral para reducir el estrés y mejorar el bienestar. Al integrar este propósito en su producto, el equipo empieza a añadir funcionalidades como recordatorios de descanso, ejercicios de mindfulness y espacios para la reflexión. Esta visión inspira al equipo a superar sus límites, haciendo que la aplicación no solo sea útil sino también transformadora. Como resultado, no solo logran 50,000 usuarios; la aplicación rápidamente supera el millón de descargas, alcanzando personas en todo el mundo.

Una empresa de productos sostenibles

Supongamos que una empresa de productos sostenibles fija como meta vender 10,000 productos de limpieza ecológicos en un año. Sin embargo, el equipo cree firmemente en el propósito de promover estilos de vida sostenibles y reducir el uso de plásticos. Con este propósito en mente, empiezan a educar a sus clientes sobre la sostenibilidad y a colaborar con influencers y expertos en ecología. Al hacerlo, crean una comunidad comprometida que no solo compra el producto, sino que también promueve la causa. Al final del año, la empresa supera su meta de ventas, y, además, se posiciona como un líder en educación ambiental, generando un impacto mucho mayor del esperado.

Potencial no calculado en el mercado

Cuando las empresas de micromovilidad lanzaron sus patinetas eléctricas en las calles de las grandes ciudades, el potencial que se imaginaban estaba enfocado en cubrir la necesidad de transporte urbano rápido y ecológico para distancias cortas. La meta inicial de estas compañías era desplegar patinetas en áreas clave y ver un retorno positivo mediante el alquiler por minutos. Sin embargo, lo que no anticiparon fue el **potencial no calculado** que sus servicios tendrían en otros sectores, como el turismo, la logística y el entretenimiento.

Al observar cómo se usaban las patinetas, descubrieron que los turistas los alquilaban para explorar las ciudades de forma rápida y divertida. Esto abrió oportunidades para asociaciones con agencias de turismo y guías locales. Además, empresas pequeñas comenzaron a usar los patinetes para realizar entregas rápidas de productos ligeros, y los mismos usuarios encontraron formas.

El potencial de una oportunidad

Es la capacidad latente que una oportunidad tiene para generar resultados positivos, crecimiento o beneficios significativos, tanto a corto como a largo plazo. Es el "valor oculto" o "valor futuro" que puede ser aprovechado si se despliegan los recursos, habilidades y estrategias adecuadas para desarrollarla al máximo. Este potencial incluye no solo el beneficio inmediato, sino también las posibilidades de expansión, innovación y transformación que la oportunidad puede desencadenar.

El potencial de una oportunidad se evalúa considerando varios factores:

Impacto a Largo Plazo: Algunas oportunidades pueden empezar pequeñas, pero, con el tiempo, pueden escalar y crecer. Por ejemplo, un nicho de mercado emergente puede tener un potencial a largo plazo para convertirse en una tendencia dominante.

Adaptabilidad y Flexibilidad: Las oportunidades con alto potencial tienden a ser adaptables y escalables, lo que significa que pueden ajustarse a cambios en el mercado y seguir siendo relevantes.

Sinergia con Recursos Existentes: Evaluar cómo se puede aprovechar el talento, la infraestructura y los recursos actuales para maximizar la oportunidad puede indicar si es posible alcanzar un gran potencial sin grandes inversiones adicionales.

Innovación y Diferenciación: Una oportunidad tiene alto potencial si ofrece la posibilidad de innovar o de crear algo que no existe en el mercado, lo cual puede otorgar una ventaja competitiva.

Proyección de Crecimiento: Oportunidades que muestran una demanda creciente o que resuelven un problema emergente en la sociedad o el mercado suelen tener un potencial mayor de expansión.

El potencial de una oportunidad en negocios

una empresa de alimentos mexicana que detecta una creciente demanda de productos saludables y sostenibles. Esta empresa identifica una oportunidad para lanzar una línea de productos basados en plantas, pero el potencial de esta oportunidad no se limita solo al valor de ventas inmediato. Este mercado emergente tiene un potencial para:

a) Convertirse en una nueva línea de negocio de alta rentabilidad a medida que crece la conciencia por la salud y la sostenibilidad.
b) Abrir puertas a mercados internacionales donde esta tendencia está en crecimiento.
c) Permitir la colaboración con otras marcas de estilo de vida y salud para fortalecer la reputación de la empresa.

El verdadero potencial de esta oportunidad no es solo satisfacer una tendencia pasajera, sino posicionar a la empresa como líder en una categoría que seguirá ganando relevancia. Aprovechar este potencial implicará una estrategia a largo plazo que maximice los beneficios y el impacto de la oportunidad.

Mi invitación es hacer cambio de perspectiva que implica liderar enfocándose más en el potencial que en las metas. En lugar de preguntar "¿Cómo logramos esta meta?", un líder que busca desbloquear el potencial pregunta "¿Cuál es el verdadero potencial cómo puedo ayudar a alcanzarlo?"

El éxito en los negocios del mañana no se medirá en metas cumplidas, sino en el potencial que hayamos logrado activar hoy.

Recomendaciones para Directivos y Gerentes

Detectar el Potencial Oculto: Realizar sesiones de lluvias de ideas y permitir la innovación puede revelar capacidades que los empleados no sabían que poseían.

Desarrollar el Potencial con Capacitación: Las capacitaciones no solo deben cubrir conocimientos técnicos, sino también habilidades blandas como la creatividad, la resiliencia y el liderazgo colaborativo.

Establecer Propósitos Claros: Un propósito significativo es esencial para desbloquear el potencial. Clarificar por qué y para qué se están haciendo las cosas puede transformar el rendimiento del equipo.

Fomentar la Autoevaluación y el Feedback: Permitir que los empleados reflexionen sobre su desempeño y reciban retroalimentación facilita la identificación de áreas de crecimiento personal y profesional.

Reconocer el Progreso, No Solo el Resultado: Reconocer y recompensar los esfuerzos y avances, aunque no siempre logren la meta final, mantiene el interés y la motivación en explorar el potencial.

Práctica. Sigue los pasos

1. **Autodiagnóstico de Potencial:** Identificar al menos tres habilidades o talentos no explotados. Reflexionar sobre cómo estas habilidades podrían ayudar a cumplir sus objetivos profesionales.
2. **Establecimiento de Propósito Personal:** Escribir una frase que resuma su propósito profesional y personal, y evaluarlo semanalmente para ver si sus acciones están alineadas con ese propósito.
3. **Plan de Desarrollo de Potencial para el Equipo:** Cada gerente debe hacer una lista de las habilidades que cree que su equipo no está explotando al máximo y diseñar un plan de acción para potenciarlas.

Las metas son importantes, pero no tienen el poder de transformar sin el impulso del potencial humano y el propósito. Es cuando logramos desbloquear ese potencial, tanto en nosotros mismos como en los demás, que se alcanza la verdadera grandeza.

Cuando consideramos las metas como el fin último, corremos el riesgo de limitarnos a una visión estrecha del éxito. Las metas, aunque necesarias para guiar nuestras acciones, son puntos de referencia temporales que pueden desviar nuestra atención de algo más esencial: el desarrollo de nuestro propio potencial y el descubrimiento de un propósito más profundo es dejar de ver el potencial externo disponible para crear algo grande.

Si vemos las metas como el destino final, nuestra capacidad de soñar, innovar y crecer se reduce. Alcanzar la meta se convierte en el único criterio de éxito, y podemos perder de vista nuevas oportunidades o el valor de los aprendizajes y conexiones que surgen en el proceso. Esto puede hacer que pasemos por alto habilidades no exploradas, talentos de nuestro equipo que permanecen latentes, o incluso nuevos caminos hacia logros más significativos.

En cambio, cuando entendemos las metas como hitos en un viaje continuo, podemos liberar nuestro potencial de manera plena. Vemos los desafíos como oportunidades de crecimiento y no como barreras; y más importante aún, cada meta alcanzada nos impulsa hacia una siguiente, alineada con un propósito que da sentido a nuestro esfuerzo.

Más allá de los números

Principio 5

"Ejecuta hoy para el nivel del mañana"

Este capítulo explora cómo la ejecución con una mentalidad de "hacer lo establecido y algo más" transforma metas comunes en logros extraordinarios. Hablaremos de la **regla del +1** que sugiere que, además de cumplir con lo básico, añadir un esfuerzo adicional—una idea, acción o mejora—impulsa el crecimiento personal y profesional.

Concepto del +1: Rompiendo la Rutina para Ir Más Allá

Para muchos, cumplir con lo establecido se convierte en rutina; la repetición asegura que se alcancen los objetivos mínimos, pero ¿qué sucede cuando se incorpora una actitud de agregar valor adicional? El +1 es ese extra que diferencia a quienes cumplen de quienes exceden. Este principio invita a romper con el conformismo, inyectando una dosis de esfuerzo o creatividad adicional.

"La excelencia no es un acto, sino un hábito." — Aristóteles

La regla del +1 en la Vida Cotidiana y en Negocios

Supón que estás tratando de mejorar tu condición física. Cumplir con el objetivo sería hacer ejercicio tres veces por semana. Aplicar la regla del +1 significaría hacer un poco más, quizás añadir unos minutos adicionales de actividad física al final de cada sesión o incluir una actividad extra un día más. Este esfuerzo incremental es pequeño, pero, con el tiempo, sus beneficios son exponenciales.

El gerente de ventas que excede

Un gerente de ventas puede establecer una meta de contactar a 15 nuevos clientes cada semana. Aplicando la regla del +1, ese gerente puede agregar una acción extra, como hacer un seguimiento personalizado con un cliente potencial o escribir un mensaje más personalizado a cada contacto. Este esfuerzo adicional ayuda a crear conexiones más profundas y a mejorar la percepción del cliente, aumentando las probabilidades de éxito.

La Regla del +1 y el potencial oculto

Aplicar el +1 permite descubrir habilidades, recursos y talentos que de otra manera permanecerían ocultos. Es a través de ese esfuerzo extra donde surgen ideas nuevas, se construye resiliencia y se desarrollan habilidades que llevan al individuo o equipo a otro nivel.

Veamos el siguiente caso empresarial. Una empresa que vende software de gestión decide que su "extra" será ofrecer capacitaciones gratuitas a sus clientes. Al hacerlo, no solo aumenta el valor percibido de su producto, sino que genera lealtad y retención de clientes, ya que el cliente percibe un interés genuino en su éxito.

"El éxito no llega a quienes esperan; llega a quienes actúan y hacen algo más que lo mínimo requerido." — *Autor desconocido*

Tareas para Practicar la Regla del +1

Ejercicio 1: Identifica y ejecuta tú +1 Diario

1. Durante una semana, establece una tarea principal en tu día que represente lo básico de tu rol.

2. Al finalizarla, agrega una acción adicional que incremente el valor de lo que hiciste. Este +1 debe ser algo alcanzable, pero

que añada valor, como una mejora en la calidad, una acción extra o un detalle que puedas dejar.

Ejercicio 2: Reflexión sobre el Valor del +1

Al final de cada semana, haz una breve reflexión sobre cómo ese +1 ha impactado en tus resultados. ¿Ha cambiado la forma en que los demás perciben tu trabajo? ¿Te has sentido más motivado o satisfecho? ¿Qué nuevas oportunidades han surgido a partir de tus acciones adicionales?

Ejercicio 3: Planificación del +1 a Largo Plazo

Establece una meta para los próximos tres meses y define de antemano tres acciones +1 que puedas hacer para cada mes. Evalúa si las acciones adicionales impactan tus resultados y la percepción de quienes interactúan contigo en el trabajo.

Historias Inspiradoras del +1

Caso de Zappos: La empresa de calzado en línea Zappos es un gran ejemplo de +1. Cumplir la meta significaría simplemente vender zapatos y atender solicitudes. Sin embargo, Zappos añade un servicio excepcional en cada contacto con el cliente, como respuestas personalizadas y políticas de devolución flexibles. Este +1 de servicio convirtió a Zappos en un ícono de la atención al cliente.

Caso de un Restaurante que Destaca por el Servicio Extra: Un restaurante podría tener como meta servir comida de calidad. Sin embargo, aplicando el +1, los meseros pueden recordar las preferencias de sus clientes habituales o agregar un toque personal al servicio, como ofrecer una bebida especial para celebrar un cumpleaños. Esta atención adicional convierte a los clientes en embajadores de la marca y refuerza su lealtad.

Por qué el +1 es clave para la excelencia sostenida

El +1 no solo ayuda a superar metas; también transforma la mentalidad del equipo. Cuando el +1 se convierte en parte de la cultura, la organización desarrolla un espíritu de mejora continua, lo cual fomenta la innovación y permite adaptarse con mayor agilidad a los cambios. *No se trata de hacer más por hacer, sino de hacer mejor, con propósito y atención al detalle.*

Este concepto refuerza la importancia de ir más allá de lo esperado. La **regla del +1** es una mentalidad que, si se practica a diario, permite descubrir el verdadero potencial, impulsa el crecimiento sostenido y fomenta una cultura de excelencia. No es solo cumplir metas, sino elevar constantemente el estándar, aplicando un esfuerzo consciente y adicional que trasciende los objetivos numéricos y genera valor significativo.

Este enfoque contribuye no solo a lograr las metas actuales, sino a forjar un camino de éxito duradero que eleva a las personas y las empresas al siguiente nivel.

Los bullets de corcholatas azules

En 2013 sostenía una reunión de revisión de negocio con uno de mis clientes más importantes en la industria de alimentos y bebidas en México y la presentación proyectada en la grande sala

Más allá de los números

de 15 personas fue comentada por él. Nos dijo: "está muy bien que su presentación tenga sus colores institucionales, pero me gustaría ver algo de nuestros colores dado que todo lo que presentan menciona mi empresa." Todos pensaron que era una broma, que hacerlo sería exceso. Conociéndolo y escuchando el tono de su voz, me limité a mirarlo asistiendo y le dije, tomo nota de esto Gustavo.

Tres meses después en nuestra siguiente revisión, cuando empezamos a proyectar la agenda, se quedaron grandemente sorprendidos de que los "bullet points" eran círculos azules con el logo de su compañía en el centro. El color azul era el color institucional de la empresa de mi cliente.

Ese simple cambio, significó ir más allá de presentar números y resultados, fue escuchar y empatizar con mi cliente. Fue mostrar que estábamos conectados con su marca y que teníamos la capacidad de ir a cualquier nivel de detalle, incluyendo una presentación. Lo mas importante es que el se sintió escuchado, y si habíamos hecho por darle gusto, podría el confiar en que haríamos lo necesario para agregar valor a su negocio.

Siempre, siempre, siempre, la pregunta que todo líder debe hacer para aplicar la regla del **+1 es** *¿Qué más podemos hacer aquí?*

Frase para reflexionar

"El éxito no es un accidente. Es el resultado de ejecutar constantemente al nivel que aspiras alcanzar."

En el mundo de los negocios, la diferencia entre el éxito y el fracaso a menudo radica en nuestra capacidad para ejecutar. Pero no se trata solo de ejecutar, sino de hacerlo como si ya estuviéramos en el siguiente nivel de nuestro desarrollo profesional y empresarial.

Visualización y actuación

Imagina tu versión más exitosa. ¿Cómo actúa? ¿Qué decisiones toma? ¿Cómo maneja los desafíos? Ahora, comienza a actuar como esa versión de ti mismo. Este ejercicio de "actuar como si" no es solo una técnica de motivación, sino una poderosa herramienta para reprogramar tu mente y tus hábitos.

Durante mucho tiempo observé a una empresaria que llamaré Sara, una emprendedora, siempre se visualizaba dirigiendo una empresa multimillonaria. Incluso cuando su startup estaba en sus primeras etapas, ella tomaba decisiones y se presentaba en reuniones como si ya estuviera liderando esa gran corporación. Esta mentalidad no solo impresionó a inversores, sino que la ayudó a tomar decisiones más audaces y estratégicas que eventualmente llevaron a su empresa al éxito que había imaginado.

Eleva tus estándares

Para ejecutar al siguiente nivel, debes elevar tus estándares en todos los aspectos de tu negocio. Esto significa no conformarse con "suficientemente bueno", sino aspirar constantemente a la excelencia.

Ejercicio práctico: Identifica tres áreas clave de tu negocio. Para cada una, define cómo sería la excelencia en el "siguiente nivel". Ahora, establece nuevos estándares y procesos para alcanzar ese nivel de calidad en tu operación diaria.

Desarrolla habilidades de liderazgo avanzadas

Los líderes en el siguiente nivel no solo gestionan, inspiran. Trabaja en desarrollar habilidades como:

1. Pensamiento estratégico a largo plazo
2. Comunicación inspiradora
3. Toma de decisiones bajo presión
4. Gestión de equipos de alto desempeño
5. Reta a tu gente

Anticípate al futuro

Los líderes excepcionales no solo reaccionan al presente, sino que se anticipan y se preparan para el futuro. Dedica tiempo regularmente a analizar tendencias, imaginar escenarios futuros y preparar tu organización, tus planes y tus objetivos para los cambios venideros.

Caso de estudio: Netflix. Cuando aún dominaba el mercado de alquiler de DVDs por correo, sus líderes ya estaban preparándose para la era del streaming. Esta visión y ejecución anticipada les permitió liderar la revolución del entretenimiento digital.

Cultiva una mentalidad de crecimiento continuo

Ejecutar en el siguiente nivel siempre implica aprendizaje y crecimiento. Adopta una mentalidad de estudiante perpetuo, buscando constantemente nuevos conocimientos y habilidades.

Ejercicio: Establece un plan de desarrollo personal que incluya lecturas, cursos, mentorías y experiencias que te desafíen y te hagan crecer como líder.

"El mayor riesgo es no tomar ninguno. En un mundo que cambia realmente rápido, la única estrategia que está garantizada a fracasar es no tomar riesgos." - Mark Zuckerberg

Desarrollando habilidades futuras

Identificar y desarrollar las habilidades que serán necesarias en el futuro es crucial para ejecutar en el siguiente nivel.

La matriz de habilidades futuras

a) Identifica las tendencias en tu industria.
b) Enumera las habilidades que serán cruciales en los próximos 3-5 años.
c) Evalúa tu nivel actual en cada habilidad.
d) Crea un plan de desarrollo personal para cerrar las brechas.

Crea sistemas y procesos escalables

Para operar en el siguiente nivel, es necesario establecer sistemas y procesos que puedan crecer con tu negocio.

"Los sistemas permiten que las personas comunes logren resultados extraordinarios de manera predecible." - Michael Gerber

Se suele confundir la palabra Sistemas con Tecnología. La tecnología se usa para que los sistemas sean ejecutables de manera eficiente.

Sistemas de ventas efectivos

Una empresa de software de gestión utiliza un sistema de gestión de relaciones con clientes (CRM) que permite automatizar el seguimiento de clientes potenciales. Este sistema no solo ayuda a los vendedores a mantener un registro organizado de sus interacciones, sino que también les recuerda cuándo deben hacer un seguimiento. El sistema incluye los procesos de seguimiento del cliente por parte del equipo de ventas. La tecnología es el software que se utiliza para alimentar la información.

Aplicación de la regla del +1: Además de seguir el proceso básico del CRM, los vendedores pueden añadir un +1 al personalizar su comunicación, como enviar un recurso relevante o un mensaje de agradecimiento después de una reunión. Esto no solo mejora la relación con el cliente, sino que aumenta las tasas de conversión.

Sistemas de gestión del tiempo

Una organización utiliza una herramienta de gestión del tiempo como Trello para planificar y priorizar tareas. Estas herramientas permiten a los equipos asignar responsabilidades, establecer plazos y realizar un seguimiento del progreso de proyectos en tiempo real.

Aplicación de la regla del +1: Los empleados pueden añadir un +1 al final del día revisando y ajustando su lista de tareas para el día siguiente, asegurándose de que estén alineadas con las prioridades estratégicas de la empresa. Este pequeño ajuste mejora la productividad y el enfoque en las metas.

Sistemas de atención al cliente

Una empresa de comercio electrónico implementa un sistema de tickets para gestionar las consultas de los clientes. Esto asegura que cada solicitud sea atendida de manera oportuna y organizada.

Aplicación de la regla del +1: Además de simplemente responder a las consultas, el equipo de atención al cliente puede añadir un +1 al incluir recomendaciones de productos personalizadas o un seguimiento posterior a la resolución del ticket. Generar información y analizarla para prevenir problemas. Esto no solo mejora la satisfacción del cliente, sino que también fomenta la lealtad a largo plazo.

Cómo usar sistemas para hacer procesos escalables

Documentar y estandarizar procesos clave dentro de la organización asegura que todos los miembros del equipo sigan las mismas prácticas. Esto crea consistencia y calidad en la entrega de productos y servicios.

Una empresa de servicios financieros puede tener un proceso estandarizado para la gestión de cuentas de clientes. Esto incluye pasos claros sobre cómo establecer contacto, realizar revisiones periódicas y ofrecer actualizaciones de servicios.

Automatización de tareas repetitivas

Utilizar herramientas de automatización para manejar tareas rutinarias y repetitivas permite liberar tiempo para que los empleados se concentren en actividades de mayor valor.

Una tienda en línea puede usar sistemas automatizados para enviar correos electrónicos de seguimiento a los clientes después de realizar una compra, así como recordatorios de carritos abandonados. Este proceso no solo mejora la retención de clientes, sino que también optimiza las tasas de conversión.

Monitoreo y evaluación de desempeño

Implementar un sistema de métricas y análisis que permita monitorear el rendimiento de los procesos es crucial para identificar áreas de mejora.

Una cadena de restaurantes puede utilizar un sistema de análisis de datos para rastrear las ventas, los tiempos de espera y la satisfacción del cliente. Esto permite ajustar rápidamente la operación y realizar cambios estratégicos que mejoren el rendimiento.

No debemos confundir las métricas de desempeño con el objetivo final. Las primeras están relacionadas con que tan bien hacemos las cosas para lograr los objetivos.

Retroalimentación y Mejora Continua

Crear un sistema que fomente la retroalimentación de empleados y clientes es esencial para la mejora continua de los procesos.

Una empresa podría implementar encuestas de satisfacción después de cada proyecto para recoger comentarios sobre el rendimiento del equipo y la calidad del producto entregado. Esta información puede ser utilizada para ajustar el proceso y elevar los estándares.

Cultivando relaciones estratégicas

Las relaciones que necesitarás en el futuro deben comenzar a cultivarse hoy. Esto es ejecutar en el siguiente nivel.

El networking inverso
- Identifica a las personas que serán clave en tu próximo nivel.
- Investiga sus intereses y necesidades.
- Busca formas de agregar valor a su vida o negocio antes de necesitar algo de ellos.

Asumiendo responsabilidades mayores

Tomar la iniciativa y asumir responsabilidades más allá de tu rol actual te prepara para el siguiente nivel.

Caso de estudio: Carlos Mendoza, Gerente de Marketing
Carlos siempre se ofrecía como voluntario para proyectos interdepartamentales y buscaba oportunidades para liderar iniciativas estratégicas. Cuando se abrió la posición de Director de

Marketing, era el candidato natural debido a su experiencia demostrada en liderazgo y visión estratégica.

Ejecutar como si estuvieras en el siguiente nivel no se trata de fingir o pretender. Se trata de prepararte conscientemente, desarrollar las habilidades necesarias y adoptar la mentalidad que te permitirá dar el salto cuando llegue el momento. Recuerda, el éxito no es un accidente, es el resultado de una preparación constante y consciente.

Principio 6

"No basta el qué haces, el secreto está en el cómo lo haces"

"La excelencia no es un acto, sino un hábito." - Aristóteles

En el mundo empresarial, a menudo nos enfocamos en el "qué" - qué objetivos queremos alcanzar, qué productos queremos lanzar, qué mercados queremos conquistar. Sin embargo, el sexto principio de Más Allá de los Números nos recuerda que el verdadero secreto del éxito sostenible radica en el "cómo" - cómo alcanzamos esos objetivos, cómo desarrollamos esos productos, cómo nos acercamos a esos mercados.

La importancia de los estándares

Los estándares son la columna vertebral del "cómo". Representan el nivel de calidad, ética y excelencia que mantenemos en todo lo que hacemos.

Hablaré de la empresa en que laboré hasta hace unos meses y la cultura del servicio al cliente la empresa no solo se enfoca en vender y servir, sino en cómo lo hace. Su estándar de servicio al cliente es legendario, incluyendo políticas como devoluciones gratuitas por 365 días y llamadas de servicio al cliente sin límite de tiempo. Estos estándares le han convertido en un ejemplo de excelencia en servicio al cliente en toda la industria en México.

Reflexión: ¿Cuáles son los estándares que definen tu negocio o tu liderazgo? ¿Cómo los comunicas y los refuerzas diariamente?

La consistencia como clave

Mantener altos estándares de manera consistente es lo que realmente marca la diferencia.

"No somos lo que hacemos ocasionalmente, sino lo que hacemos constantemente." - Mike Murdock

Práctica. El registro de consistencia

1. Identifica los 3-5 estándares más críticos para tu negocio o equipo
2. Crea un sistema de seguimiento diario o semanal
3. Celebra los periodos de consistencia y analiza las caídas

La cultura del "cómo"

A menudo estamos obsesionados con los resultados. Las métricas, las cifras de ventas y los resultados trimestrales son los reyes en la mayoría de las salas de juntas. Sin embargo, hay un aspecto crucial que a menudo se pasa por alto: el "cómo" se logran esos resultados. Este capítulo explora la importancia de centrarse en el proceso y las acciones, y cómo pueden ser más reveladores y significativos que los resultados mismos.

La Importancia del Proceso

Imagina una empresa que ha logrado un incremento del 20% en sus ventas en el último trimestre. Un resultado impresionante, sin duda. Pero ¿qué hay detrás de esas cifras? ¿Fueron alcanzadas mediante prácticas éticas y sostenibles, o a través de tácticas agresivas que podrían dañar la reputación de la empresa a largo plazo? Aquí es donde entra en juego la observación del "cómo".

Observar el proceso nos permite identificar prácticas que fomentan un ambiente de trabajo saludable y sostenible. Las empresas que ponen un fuerte énfasis en la cultura organizacional, la ética y el bienestar de sus empleados tienden a desarrollar un éxito más duradero. Los líderes deben preguntarse: *¿Estamos logrando nuestros objetivos de una manera que refleja nuestros valores fundamentales?*

Caso. Atención al Cliente

Consideremos un minorista que ha mejorado significativamente su puntuación de satisfacción del cliente. En lugar de enfocarse únicamente en las cifras, la empresa se centra en el "cómo" de la interacción con el cliente. Capacita a sus empleados para que escuchen activamente y resuelvan problemas con empatía. Este compromiso con la excelencia en el servicio no solo mejora las cifras de satisfacción, sino que también construye relaciones duraderas con los clientes, lo que resulta en una lealtad a largo plazo.

La Lección del "Cómo"

Observar el "cómo" nos da una visión más completa y auténtica del éxito de una empresa. Mientras que los resultados pueden ser efímeros y a menudo manipulables, los procesos suelen contar una historia más honesta y sostenible. Al enfocar nuestra atención en las acciones y procesos, no solo medimos el éxito, sino que también construimos una base sólida para el crecimiento futuro.

Crear una cultura organizacional que valore el "cómo" tanto como el "qué" es fundamental para el éxito a largo plazo.

La ética como estándar

En un mundo empresarial cada vez más transparente, la ética no es solo una opción, sino un estándar crucial.

"La integridad es hacer lo correcto, incluso cuando nadie está mirando." - C.S. Lewis

Ejercicio: El dilema ético

Presenta a tu equipo escenarios éticos desafiantes regularmente. Discutan las posibles soluciones y cómo se alinean con los valores y estándares de la empresa. Esto ayuda a desarrollar un "músculo ético" que guiará las decisiones en situaciones reales.

La innovación en el "cómo"

La innovación no debe limitarse a los productos o servicios, sino extenderse a cómo hacemos las cosas.

Caso de estudio: Toyota y el sistema de producción lean Toyota revolucionó la industria automotriz no solo por los coches que producía, sino por cómo los producía. Su sistema de producción lean, centrado en la eliminación de desperdicios y la mejora continua, se ha convertido en un estándar global en la fabricación.

La medición del "cómo"

El Arte de Observar el "Cómo". La Fórmula del Éxito: $f(x) = y$

Podemos conceptualizar el éxito del proceso mediante una fórmula sencilla: $f(x) = y$. En esta ecuación, "x" representa las acciones y procesos que implementamos, mientras que "y" es el resultado final que buscamos alcanzar. Esta relación matemática nos permite entender cómo los estándares y mediciones del proceso afectan directamente los resultados obtenidos.

Procesos estándar para resultados predecibles

Para lograr resultados predecibles y repetibles, es fundamental establecer procesos estándar que actúen como la función "f" en nuestra fórmula. Estos procesos deben ser bien definidos, documentados y consistentes. Al crear un marco de trabajo claro, las empresas pueden reducir la variabilidad y asegurar que los resultados sean consistentes con las expectativas.

Por ejemplo, en una línea de producción, los procedimientos operativos estándar (POE) garantizan que cada producto se fabrique bajo las mismas condiciones, minimizando los errores y asegurando la calidad. Al medir y ajustar continuamente estos procesos, las empresas pueden mejorar la eficiencia y la efectividad, asegurando que "x" siempre conduzca al "y" deseado.

Implementación de un Nuevo Proceso de Ventas

Imagina que eres parte del equipo directivo de una empresa que busca mejorar su proceso de ventas para aumentar los ingresos y la satisfacción del cliente. Aquí te muestro cómo aplicar la fórmula $f(x) = y$ para lograr resultados predecibles y repetibles.

Definición de "x": El Proceso

1. **Capacitación Estandarizada**: Implementa un programa de capacitación para todos los representantes de ventas, asegurando que comprendan los productos, las técnicas de venta efectivas y el uso de herramientas tecnológicas.

2. **Guion de Ventas**: Desarrolla un guion estándar que guíe las interacciones con los clientes, permitiendo flexibilidad para

personalizar la experiencia, pero asegurando que se cubran todos los puntos clave.

3. **Seguimiento Automatizado**: Utiliza un sistema CRM para automatizar el seguimiento de clientes potenciales, garantizando que ninguna oportunidad se pierda.

Medición de "x": Lo que verdaderamente debemos medir.

1. **Tasa de Conversión**: Mide el porcentaje de clientes potenciales que se convierten en clientes reales. Esto te indica la efectividad del proceso de ventas.

2. **Tiempo de Cierre**: Calcula el tiempo promedio que toma cerrar una venta, lo cual ayuda a identificar cuellos de botella en el proceso.

3. **Satisfacción del Cliente**: Realiza encuestas posteriores a la venta para evaluar la experiencia del cliente y obtener retroalimentación valiosa.

Resultados "Y": El Impacto

1. **Incremento de Ventas**: Con un proceso optimizado, puedes esperar un aumento en las ventas totales, reflejando la eficacia del nuevo enfoque.

2. **Mejora en la Satisfacción del Cliente**: Un proceso de ventas más fluido y personalizado debería resultar en clientes más satisfechos y fieles.

3. **Eficiencia Operativa**: Al reducir el tiempo de cierre y automatizar tareas repetitivas, el equipo puede manejar un mayor volumen de ventas sin aumentar los recursos.

Aplicación práctica

Al monitorear estas métricas y ajustar los componentes del proceso según sea necesario, puedes asegurar que el "x" (proceso) sea óptimo para alcanzar el "Y" (resultados) deseado. Esto no solo genera resultados consistentes, sino que también permite a la empresa adaptarse rápidamente a las cambiantes condiciones del mercado.

Al centrarse en el "cómo" y aplicar metodologías de mejora continua, los directivos pueden guiar a sus equipos hacia un éxito sostenible y predecible.

La importancia de las mediciones

No basta con medir el resultado. Para asegurarnos de que estamos manteniendo nuestros estándares, es crucial medir no solo los resultados, sino también el proceso

Medir el impacto de cada componente del proceso es crucial para entender cómo las variaciones en "x" afectan a "y". Las métricas clave de desempeño (KPI, que en español significa indicador clave del desempeño) actúan como indicadores que nos muestran si estamos en el camino correcto o si necesitamos ajustar nuestro enfoque.

Por ejemplo, en un equipo de ventas, métricas como el tiempo de respuesta a los clientes, el número de visitas realizadas, la calidad de las visitas, la capacidad de identificar oportunidades, la tasa de conversión y la satisfacción del cliente son esenciales para evaluar el rendimiento del proceso de ventas. Al monitorear estas métricas, los líderes pueden identificar áreas de mejora y realizar cambios necesarios que optimicen el "cómo", garantizando que los resultados sean no solo predecibles, sino también mejorados continuamente.

Resultados repetibles a través de la Mejora Continua

La verdadera magia ocurre cuando la empresa adopta la mejora continua como parte de su cultura. Esto implica revisar y ajustar constantemente los procesos para adaptarse a nuevas circunstancias y oportunidades.

Al aplicar esta filosofía, las empresas pueden no solo predecir resultados, sino también incrementarlos progresivamente. La clave está en ser flexibles y receptivos a los datos que las mediciones brindan, permitiendo ajustes precisos y oportunos.

La relación $f(x) = y$ nos enseña que los resultados no son meramente un producto del azar, sino el resultado de procesos cuidadosamente calibrados y medidos. Al enfocar nuestra atención en los estándares y mediciones del proceso, no solo logramos resultados predecibles y repetibles, sino que también establecemos una base sólida para el crecimiento sostenible y el éxito a largo plazo. Si entendemos y sabemos explicar el "como" y optimizar el "cómo" nos distinguiremos y prosperaremos en este mundo competitivo.

Replica el éxito

La última recomendación en este capítulo es que te fuerces e invites a tu equipo a pensar en que componentes de los procesos son los causales del éxito.

A menudo me encuentro con estas situaciones cuando estoy revisando el desempeño con mi equipo. Cuando los resultados no son los deseados me traen todo un bloque de reportes, análisis, de información Y de manera muy hábil relacionan estás causas de falla con el resultado. Somos buenísimos para explicar por qué fallamos.

Por el contrario, cuando algo sale muy bien y les preguntó qué fue lo que pasó para que tuviéramos ese éxito, no atinan a encontrar las variables en el proceso que explican el buen resultado. Esto sucede porque finalmente nuestros planes de acción no están bien amarrados a los que componentes que verdaderamente van a influir en un resultado. Si no lo puedes explicar es por qué no supiste medir y no dedicaste tiempo a observar el proceso o las acciones efectuadas para lograr algo.

Así que te invito a que hagas ejercicios para identificar los componentes del éxito y lo conviertas en un estándar.

Parece que $f(x) = y$ es solo una formula de una ecuación matemática, pero es el modelo que aprendí desde niña para entender la causalidad de las cosas.

Principio 7

"Convertirse en la energía del crecimiento"

Muchos pensarán que este debió haber sido el capítulo 1. En realidad, este principio está contenido en todos los principios. Para trascender más allá de los números, debemos convertirnos en la energía del crecimiento. Esto implica un cambio profundo en nuestra mentalidad y en cómo vemos e integramos en el entorno.

Cultivar la consciencia

El primer paso es cultivar una conciencia plena de quiénes somos y cómo impactamos nuestro entorno. Esto significa estar presentes en el momento y ser conscientes de nuestras acciones y decisiones. Al practicar la atención plena, podemos identificar patrones limitantes y transformarlos en oportunidades de crecimiento.

Liderazgo inspirador

Convertirse en la energía del crecimiento requiere liderar con el corazón. Un liderazgo inspirador se basa en la autenticidad y la empatía. Al conectar genuinamente con nuestros equipos, fomentamos un ambiente de confianza y colaboración. Esto no solo mejora el bienestar general, sino que también impulsa la creatividad y la innovación.

Mentalidad de abundancia

Adoptar una mentalidad de abundancia nos permite ver las posibilidades en lugar de las limitaciones. En lugar de centrarnos en la escasez o en la competencia, nos enfocamos en el potencial ilimitado que existe dentro de nosotros y nuestro entorno. Esta perspectiva nos ayuda a identificar y aprovechar oportunidades que antes podrían haber pasado desapercibidas.

Una mentalidad de abundancia en una empresa que mira al horizonte a largo plazo se caracteriza por su enfoque en el crecimiento sostenible y la innovación continua. Mientras otras compañías podrían estar atrapadas en la mentalidad de escasez, enfocándose únicamente en recortar costos y administrar recursos de manera restrictiva, una empresa con mentalidad de abundancia ve más allá y apuesta por el futuro.

Esta mentalidad en una empresa que mira al futuro se traduce en un enfoque estratégico que prioriza la inversión, la innovación y el desarrollo de relaciones sólidas. Al pensar en grande y actuar con visión, estas empresas no solo crecen, sino que también se convierten en líderes en sus industrias, inspirando a otros a seguir su ejemplo.

El poder de las posibilidades

Donde los resultados trimestrales y las proyecciones de ventas dominan las conversaciones, hay un enfoque que emerge con fuerza: el liderazgo consciente. Este enfoque no se centra únicamente en los números, sino que pone a las personas en el centro de la estrategia.

El liderazgo consciente puede transformar no solo las organizaciones, sino también las vidas de aquellos que forman parte de ellas, creando un ambiente donde el crecimiento es infinito.

La Conexión Humana

En una sala de juntas iluminada por la luz de la mañana, un grupo diverso de líderes nos reunimos para discutir no solo el próximo trimestre, sino el impacto que el trabajo tenía en la comunidad. Como responsable comercial me senté al frente, mirando y tratando de reflejar una profunda conexión con cada miembro del equipo. Sabía que más allá de los números que proyectaban en la pantalla, había historias humanas que contar.

"Cada cifra que vemos representa a alguien", pensé. Y compartí con el grupo: "Detrás de cada venta hay una persona que confía en nosotros. Detrás de cada producto, hay un sueño, una necesidad. Nuestro objetivo no es solo crecer en números, sino en impacto." Y guardé silencio creando un espacio para que el diálogo se volviera más profundo. Era el momento de hacer consciencia sobre nuestro rol de liderazgo, más allá de los números que se presentaban.

El cambio de paradigma

La transformación hacia un liderazgo consciente implica un cambio de paradigma. *No se trata solo de maximizar beneficios, sino de maximizar el bienestar de todos los involucrados.* Recordando mis inicios en el mundo empresarial, donde la competitividad y la presión por los resultados me llevaron a perder de vista en varias ocasiones lo que realmente importaba: las relaciones humanas, Aprendí que un líder consciente no solo debe ser un estratega, sino también un mentor y un facilitador.

En mi trayectoria, he implementado prácticas que fomentan la empatía y la colaboración. Busco introducir espacios de escucha activa, donde cada voz, sin importar el cargo, puede ser escuchada. Esto genera un ambiente de confianza y también permite la generación de ideas innovadoras que impulsan el crecimiento de la empresa y por consecuencia de todos.

Creciendo juntos

La historia de Georgina, una de las empleadas más jóvenes del equipo, es un ejemplo perfecto de este cambio. Antes de unirse a la empresa, Georgina había tenido experiencias laborales desalentadoras, donde su creatividad era ignorada. Sin embargo, en su nuevo entorno, la impulsamos a compartir sus ideas y a tomar riesgos. "Cuando creces como persona, creces como profesional", le comentaba.

Georgina pronto se convirtió en una líder dentro del departamento, no porque le dieran un título, sino porque su voz era valorada. el equipo aprendió a celebrar no solo los logros, sino también los fracasos, entendiendo que cada error es una oportunidad para aprender y mejorar. Este enfoque cultivó una cultura de innovación continua y crecimiento colectivo.

La sostenibilidad del éxito

Con el tiempo, me he dado cuenta de que el verdadero éxito no se mide solo en términos financieros, sino en la capacidad de una organización para adaptarse y evolucionar. Implementar estrategias de sostenibilidad que no solo beneficien a la empresa, sino también al medio ambiente y a la sociedad es fundamental. Existe una oportunidad de colaborar con organizaciones locales, creando proyectos que impacten positivamente en la comunidad.

"*Cuando miramos más allá de los números, encontramos un propósito*", Ese propósito nos conecta con nuestros clientes, con nuestros empleados y con el mundo. Y en ese espacio, las posibilidades son infinitas.

Visionando el futuro

El liderazgo consciente también implica anticipar el futuro. Abogar por una mentalidad de crecimiento que permita a cada miembro del equipo imaginar nuevas posibilidades. "No tenemos que conformarnos con lo que sabemos; debemos explorar lo que no sabemos"

He tenido la fortuna de implementar iniciativas que despierten el ánimo por crear consciencia en el liderazgo de mis equipos. Y hemos podido constatar que una vez que se aplica, el equipo comienza a experimentar con nuevas ideas y tecnologías, abrazando la incertidumbre como un catalizador para la innovación. Llevar a cabo sesiones y talleres donde se fomente la creatividad y la exploración con la meta de que cada proyecto se convierta en una oportunidad para aprender y crecer juntos.

Durante estos procesos de cambio de mentalidad no hay que olvidar que nuestra tarea es materializar esas ideas y guiar al equipo para hacer que las cosas sucedan. A continuación, elaboro algunos puntos que nunca se deben perder de vista si deseamos rebasar nuestras metas.

Enfoque en la inversión estratégica

- **Innovación Continua**: Invertir en investigación y desarrollo es clave. La empresa fomenta una cultura donde la creatividad y la experimentación son valoradas, entendiendo que las grandes ideas requieren tiempo y recursos para madurar.

- **Desarrollo del Talento**: Priorizar la capacitación y el crecimiento de los empleados. Al crear autopoderamiento en las personas, con nuevas habilidades y oportunidades, la empresa no solo mejora su rendimiento actual, sino que también asegura un liderazgo fuerte para el futuro.

- **Sostenibilidad**: Adoptar prácticas sostenibles a largo plazo, integrando la responsabilidad social y ambiental en el núcleo del negocio. Esto no solo protege el planeta, sino que también crea valor para las generaciones futuras.

Perspectiva de largo plazo

- **Visión Clara**: Definir y comunicar una visión inspiradora que motive a todos en la organización a trabajar hacia objetivos comunes de largo plazo. Esto unifica esfuerzos y alinea las acciones diarias con metas estratégicas.

- **Resiliencia ante la Adversidad**: En lugar de reaccionar impulsivamente a las fluctuaciones del mercado, la empresa mantiene la calma y se enfoca en sus objetivos a largo plazo, utilizando las crisis como oportunidades para aprender y adaptarse.

- **Construcción de Relaciones**: Fomentar relaciones sólidas con clientes, proveedores y comunidades, basadas en confianza y cooperación mutua. Estas relaciones sustentan el crecimiento y aseguran un soporte continuo.

Cultura de crecimiento

- **Colaboración y Comunidad**: Promover un ambiente colaborativo donde las ideas se comparten libremente y todos sienten que contribuyen al éxito común. Esto fomenta la innovación y el sentido de pertenencia.

- **Celebración del Éxito**: Reconocer y celebrar los logros, grandes y pequeños. Esto motiva a los empleados y refuerza la confianza en las capacidades de la empresa para alcanzar sus metas.

- **Adaptabilidad**: Mantenerse abierto al cambio y ser proactivo en la búsqueda de nuevas oportunidades. Esto permite a la empresa no solo sobrevivir, sino prosperar en un entorno dinámico.

Coherencia entre valores y acciones

Para ser la energía del crecimiento, es esencial alinear nuestros valores personales con nuestras acciones diarias. Cuando actuamos desde la coherencia, creamos un impacto positivo y sostenible en nuestro entorno. Esto se traduce en decisiones más éticas y en una cultura empresarial que refleja nuestros principios fundamentales.

Desarrollo personal continuo

El crecimiento personal es un viaje continuo. Invertir en nuestro propio desarrollo, ya sea a través de la educación, la formación o la auto reflexión, nos permite evolucionar constantemente. Este compromiso con el aprendizaje nos mantiene adaptables y abiertos al cambio, cualidades esenciales para liderar en un mundo en constante transformación.

Ser la energía del crecimiento significa ir más allá de los números para nutrir el potencial humano y organizacional. Al cultivar la consciencia, liderar con empatía, adoptar una mentalidad de abundancia y mantener la coherencia entre valores y acciones, podemos crear un impacto duradero que trasciende las métricas tradicionales. El verdadero crecimiento se refleja en cómo transformamos nuestras vidas y las de quienes nos rodean.

Más allá de los números

Un principio más

"Los datos cobran valor cuando dejan de ser fríos"

Hace poco conversaba con Ricardo quien es un maestro y experto en análisis de información acerca de la Ciencia de Datos sobre la importancia de transformar los datos en historias que lleven un mensaje que conecte con las audiencias. Durante nuestra plática me vino el pensamiento que los datos realmente cumplen su cometido cuando hacen sentir algo a las personas. Si somos capaces de causar una expresión, una exclamación o alguna expresión, estaremos llegando a las emociones de las personas y eso vuelve a la información relevante. De ser simples datos duros pasan a ser información que energéticamente estará causando un tipo de impacto para crear algo a partir de ellos.

Cuando le comenté esto, el con su particular manera de ver las cosas me dijo:

Distinguir entre los datos o resultado de valor de los mismos datos... si caen en alguna de las tres categorías:

a) "Refleja una mejora del producto o servicio" (eso no debe cambiar la tendencia de crecimiento porque las mejoras NO cambian la esencia del producto por tanto NO esperar que la mejora mueva números),

b) Refleja una "innovación" en el producto o servicio (eso tiene un cierto movimiento en la curva de crecimiento... o decrecimiento si es que no agrada la innovación), y c) refleja una "disrupción" del servicio (eso no aparece en la gráfica ¿por qué? porque no existía ¿entonces cómo sabemos que hay una disrupción? cuando las actividades de otro sector desaparecen de la faz de la tierra).

La tercera categoría no fue compartida. Pero lo que se pretende es que se tome consciencia de que el significado y sentido de los datos, están en el valor que aportan que viene dado por su interpretación.

Para convertir los datos en algo realmente relevante, es crucial adoptar una consciencia estratégica respecto a ellos.

Aquí algunos principios clave:

1. Comprender el propósito del dato

Los datos solo son útiles si están alineados con el objetivo que se desea alcanzar y este a su vez con su propósito. Antes de analizar o recolectar datos, hay que preguntarse: ¿Qué queremos resolver o entender con esta información? Este propósito ayuda a enfocar el análisis y a evitar el error de acumular datos sin dirección, algo que fácilmente distrae en lugar de aportar.

Ejemplo: Una empresa de retail podría rastrear datos de tráfico en su sitio web. Si el propósito es mejorar la experiencia del usuario, deben analizar no solo cuántas visitas reciben, sino también en qué páginas abandonan los usuarios o dónde pasan más tiempo. Esto permite acciones específicas en función de su objetivo, como optimizar la navegación en las páginas más críticas.

2. Evaluar la calidad y contexto de los datos

La relevancia de los datos depende de su calidad (veracidad, precisión y vigencia) y su contexto (cómo se relacionan con el mercado, con el momento o con las necesidades del cliente). Un dato preciso, pero fuera de contexto, o desactualizado, puede llevar a interpretaciones erróneas y decisiones equivocadas.

Ejemplo: Los datos de ventas de hace cinco años pueden ofrecer información sobre patrones históricos, pero tal vez no reflejen las condiciones actuales del mercado. Integrar datos recientes, o incluso datos externos de tendencias, mejora la comprensión y relevancia del análisis.

3. Transformar los datos en información procesable

Los datos en bruto son solo números; lo relevante es extraer de ellos información accionable. Es esencial contar con herramientas y habilidades para interpretar, visualizar y comunicar los datos en "insights" o puntos de acción claros.

Ejemplo: Un equipo de marketing puede analizar métricas de clics en campañas. En lugar de solo ver el número de clics, es más útil visualizar estos datos por segmento de audiencia, horario, o canal de acceso, para ajustar las campañas a los comportamientos específicos de los usuarios.

4. Equilibrar la Profundidad del Análisis con la Simplicidad

Para que los datos sean relevantes, el análisis debe profundizar solo lo suficiente como para brindar claridad sin generar complejidad innecesaria. La simplicidad en el análisis permite identificar los insights más importantes y los hace más comprensibles y accionables.

Ejemplo: Al analizar el rendimiento de un producto, en lugar de evaluar cada variable posible, la empresa puede enfocarse en tres o cuatro métricas clave, como costo de adquisición, tasa de retención de clientes y margen de beneficio. Esto permite decisiones claras y focalizadas.

5. Considerar el impacto en la toma de decisiones éticas y responsables

La relevancia de los datos también depende de cómo se utilicen para el bien de los clientes, empleados y la sociedad. Ser consciente del impacto social y ético del uso de datos no solo ayuda a tomar decisiones informadas, sino que también fomenta la confianza y la transparencia.

Ejemplo: Una empresa de salud que recopila datos de sus clientes debe usar esta información para mejorar su salud y bienestar, respetando siempre la privacidad. Esto significa aplicar los datos para personalizar servicios o productos, sin infringir la confidencialidad de la información personal de los pacientes.

6. Estar abiertos a la evolución del dato

Finalmente, es fundamental reconocer que el valor y relevancia de los datos cambian con el tiempo. Los datos deben ser revisados, interpretados y contextualizados constantemente para reflejar la situación actual y futura, no solo el pasado.

Ejemplo: Una empresa que recopila datos de preferencias de clientes debe reconocer que estas preferencias pueden evolucionar con rapidez, especialmente en un mercado cambiante. Los análisis deben actualizarse con regularidad para que la estrategia siga siendo relevante.

Tener consciencia en el manejo de datos significa verlo no solo como un recurso cuantificable, sino como una herramienta que, cuando se usa con propósito, calidad y ética, puede orientar hacia decisiones estratégicas y efectivas. La relevancia de los datos depende de nuestra capacidad para entender y conectar esa información con las personas, las oportunidades de negocio y los objetivos a largo plazo.

Más allá de los números

"Ampliar nuestra visión para ir más allá de los números es innegablemente la conexión de nuestra mente procesadora de información con el corazón afianzado a la emoción de cumplir un propósito"

Liliana Montijo

Apasionada por los números y su encauce al propósito

Más allá de los números

¿Qué permiso me puedo dar hoy de recibir esto como una aportación a mi crecimiento?

Vivo me día con la certeza de tener momentos extraordinarios

Me enfoco en crear y materializar aquello que me hace crecer y ayuda a crecer

En lugar de enfocarme en un número pongo mi energía en los catalizadores de valor

La gente es primero, ¿Qué puedo hacer para ayudarles a ganar?

A mi vida llegan personas grandiosas que ayudan a mis propósitos

Es importante tener espacio para lo nuevo, en la mente, en la vida, en los lugares. Hacer espacio es importante para crecer

Todo es posible si se elige

Soy consciente de lo que se requiere de mi para transformar lo que existe

Mi visión es lo que mi mente es capaz de proyectar

Uso la visión de otros para ver lo que hoy no veo

Más allá es la posibilidad no vista hasta que decido verla

Más allá de los números

Más allá de los números

Made in the USA
Columbia, SC
17 November 2024